金融支持现代服务业发展研究

尹优平　著

中国金融出版社

责任编辑：褚蓬瑜
责任校对：张志文
责任印制：陈晓川

图书在版编目（CIP）数据

金融支持现代服务业发展研究（Jinrong Zhichi Xiandai Fuwuye
Fazhan Yanjiu）/尹优平著．—北京：中国金融出版社，2011.8
ISBN 978 - 7 - 5049 - 5885 - 3

Ⅰ．①金…　Ⅱ．①尹…　Ⅲ．①服务业—经济发展—金融支持—研
究—中国　Ⅳ．①F719②F832.0

中国版本图书馆 CIP 数据核字（2011）第 047602 号

出版
发行　中国金融出版社

社址　北京市丰台区益泽路 2 号
市场开发部　（010）63266347，63805472，63439533（传真）
网上书店　http://www.chinafph.com
　　　　　　（010）63286832，63365686（传真）
读者服务部　（010）66070833，62568380
邮编　100071
经销　新华书店
印刷　北京市松源印刷有限公司
尺寸　169 毫米 ×239 毫米
印张　16.5
字数　190 千
版次　2011 年 8 月第 1 版
印次　2012 年 12 月第 2 次印刷
定价　46.00 元
ISBN 978 - 7 - 5049 - 5885 - 3/F. 5445
如出现印装错误本社负责调换　联系电话（010）63263947

序 一

尹优平博士撰写的《金融支持现代服务业发展研究》就要出版了，书不厚却体现着作者强烈的社会责任感。今天，加快发展现代服务业已经成为经济学界研究的热点和世界各国的共识。这是因为世界经济的增长越来越得益于现代服务业对于诸多产业信息化、高技术和服务化的改造和升级。随着经济社会的发展，尤其是知识经济时代的到来，服务业的领域不断拓展，新的产业形态不断出现，信息经济、虚拟经济、创意经济、会展经济、休闲经济等新的业态层出不穷，迅速成长，创造了巨大的经济价值，并潜移默化地产生了深刻的社会影响。当前，我国服务业发展很快，但是与发达国家相比还有不小的差距，比如总体供给不足、内部结构不合理，特别是现代服务业占比偏低、区域发展不平衡、金融支持不足等已成为业界期待解决的重要课题。

发挥金融支持作用，大力发展现代服务业，是"十二五"时期金融系统的重要工作内容之一。金融作为现代经济的核心，是服务业发展的主力。加快发展金融服务业，加大金融对服务业的支持作用，已经成为破题"十二五"发展现代服务业的重要内容和关键环节。从发达国家经验看，许多现代服务业企业具有重知识和技术含量、轻固定资产的特点，使得传统金融服务模式不能适应现代服务业快速发展的要求，服务业投融资问题一直以来都是服务业发展的瓶颈。实现经济结构调整和发展方式转型、推动服务业向更高层级发展，对金融支持的力度、广度和深度都将提出新的更高的要求，不仅需要有完善的金融市场和丰富的金融产品体系支持，而且需要培育多元化的金融主体机构，通过构建一个"多层次、广覆盖、可持续"的现代服务业金融支撑体系，切实增强为现代服务业服务的金融支持功能。

　　从目前国内外的实践和理论研究情况看，我国对金融支持现代服务业发展的机制、模式、规律的研究尚处于起步阶段，对各种支持模式的深层次探寻和经验总结还不够系统，理论上也还没有一套关于金融支持现代服务业大发展的权威性结论。从书中可以看出，尹优平博士善于从新的研究视角冷静观察，勇于以新的研究方法理智思考，立足于破题现代服务业发展，从产业发展规律、世界经济发展趋势和我国基本国情出发，通过多个方面的理论分析与实证研究，建立了金融发展对服务业发展的作用机理和效应的理论框架，提出了构建一套功能完善、科学高效的金融服务支撑体系的设计及制度安排与政策建议。著书立说，本身是个苦差事，要耐得住寂寞，要能忍受孤独，要能抵御诱惑，非坚韧毅力而不能达，非人文观察而不能及，作者工作繁忙，却始终坚持学习，紧密结合实际进行理论研究，体现了年轻学者大胆探索的勇气、尊重实践的品格和科学求证的精神。作者凭借多年来在中国人民银行省、市分支机构工作的经验，运用丰富的数据，翔实的资料，通过定性分析与定量分析的有机结合，对转型过程中金融发展对现代服务业的作用这一主题进行了有益的探索，我相信本书的出版对于现代服务业发展的金融支持问题研究将会具有重要的参考价值。

　　进入新世纪以来，国内外经济、金融环境发生了深刻的变化，长期积累的各类矛盾和问题亟待研究解决，中国金融业肩负着深化体制改革和支持国民经济转型、科学发展的双重使命。实践在发展，认识在深化，丰富多彩的经济金融生活，为我们提出了大量新的课题，衷心地希望本书作者和广大金融理论工作者一道继续努力，致力于中国金融体制改革的研究和探索，为中国金融业的创新与发展，为中国现代服务业的繁荣与进步，提供有益的理论支撑。愿尹优平博士在社会科学研究领域取得更多更好的成绩！

　　是为序。

全国政协常委、北京大学客座教授、
中华文化促进会主席
原中国文联党组书记、文化部常务副部长
2011 年 5 月 4 日

序　二

很高兴看到《金融支持现代服务业发展研究》付梓。本书是作者在北京大学光华管理学院从事博士后研究阶段完成的重要成果。尹优平同志从事金融理论研究和实务工作多年，作为一名管理干部能够始终坚持理论研究是非常难能可贵的。

当前，全球经济正在由"工业型经济"向"服务型经济"过渡，现代服务业已经成为发达经济体的主导产业。改革开放三十余年来，虽然我国现代服务业有了长足进步，但与发达国家相比仍有较大差距。在促进现代服务业发展的众多引擎中，金融业日益成为现代服务经济的核心产业。在党中央、国务院的正确领导下，金融业在自身发展壮大的同时，为我国各个产业，包括现代服务业提供了强大的支持。我国经济可持续发展面临的一个关键问题就是结构调整问题，经济结构转型的任务繁重而艰巨。在"十二五"规划的起步之年，大力发展现代服务业对经济社会转型发展具有极其重要的带动和促进作用。

推动现代服务业发展，首先要有国际视野，要在经济全球化背景下关注中国宏观经济走势和金融对现代服务业大发展的拉动作用；其次要有战略眼光，对促进金融支持现代服务业发展的正向因素和负向因素进行综合评价，前瞻思考，趋利避害，应对有方，切实发挥金融对现代服务业发展的支持作用，实现良性、互动发展；最后要用系统思考的观点，厘清各个产业之间的相互联系、相互作用与相互制约关系，理顺金融与现代服务业的耦合发展演化机制，加强金融支持现代服务业规模化发展的政策引导，提高支持效率和支持水平。

在国内金融发展研究领域，研究金融支持现代服务业发展问题还比较欠缺，统计数据缺乏、文献资料不多。但是经济转型的需求和产业结构不合理的现状又迫使我们必须关注和研究这一重要课题，以努力寻找现代服务业发展的金融支点，撬动现代服务业健康持续发展的金融杠杆。目前要尽快建立一个"多层次、广覆盖、可持续"的现代服务业金融支撑体系，包括建立商业银行、地方中小金融机构、民间资本、直接融资等多个融资渠道的现代服务业金融组织体系和业务品种丰富的现代服务业金融产品体系，健全和增强为现代服务业服务的金融支持功能。

本书采用层层推进的分析方式，将研究金融发展的视角引入现代服务业的金融需求与金融供给因素上，强调建立和完善有效的金融支持体系是现代服务业大发展和实现产业化的必要条件。在研究方法上，采取定性分析与定量分析相结合，总量分析与结构分析相结合，横向分析与纵向分析相结合等研究方法，对金融支持现代服务业发展进行全方位的分析论证。全书的逻辑思路是：从现状分析中发现问题，揭示金融支持现代服务业发展的必要性，重点考察区域金融支持服务业发展的不同层次，找到实现现代服务业大发展的耦合机制，给出金融支持现代服务业大发展的制度安排和政策建议。

由于统计数据的缺乏和相关研究的薄弱，本书还是一种探索式研究，可为以后该领域的研究打下一个基础。相信本书的出版对于现代服务业发展的金融支持问题的研究和实践具有一定的参考价值。作为金融支持研究的崭新领域，现代服务业发展也将越来越受到社会各界的广泛关注，希望今后会有更多的人来研究现代服务业发展问题。

2011 年是"十二五"规划的开局之年，是全面推动经济社会转型发展的关键之年。本书作为区域金融的研究之作，对于山西建设国家资源型经济转型发展综合配套改革试验区具有决策咨询价值。希望尹优平同志继续坚持理论研究与实践相结合的原则，有更多的新作、力作问世。

王其文

北京大学光华管理学院教授、博士生导师
中国管理现代化研究会决策模拟专业委员会主任
2011 年 5 月 8 日

目　　录

图目录

表目录

1 导　论

1.1　研究背景

　　近年来，随着技术进步的加快和全球经济金融一体化进程的提速，世界经济发展尽管不平衡、不稳定性特征越来越突出，但日益体现出"服务化"的趋势，全面向服务经济转型。服务业作为国民经济的重要组成部分，其发展水平成为衡量现代社会经济发达程度的重要标志，也反映了一个国家和地区经济的发展阶段。进入 21 世纪以来，在世界经济发展和社会转型升级进程中，服务业在国民经济中的地位逐步上升，贡献度不断提高，成为推动经济发展的加速器和增长点。当前发达国家已完全确立了服务经济的产业结构，服务业增加值占 GDP 的比重以及服务业就业人数占总就业人数均达到了 70%，发展中国家服务业增加值占 GDP 的比重也超过 50%。作为工业化阶段的产物，以信息技术为主的新技术革命浪潮成为服务业成长的主导因素，伴随着信息技术和知识经济的发展而产生的现代服务业，已成为世界各国经济发展的主要推动力。深刻认识服务业的发展规律和特点，分析发展优势，把握发展方向，对于促进企业国际竞争力，实现产业升级，提升国民经济发展水平具有重要的战略意义。因此，加快发展服务业特别是现代服务业的研究已成为当前经济学界研究的热点和世界各国的共识。

加快现代服务业发展对于推动产业结构优化升级，加快经济发展方式转变，保持我国经济长期可持续发展和社会全面进步，有着十分重要的意义。现代服务业发展是当今经济全球化、产业转移、结构调整的重要方向和关键内容，得到世界各国的高度重视和积极支持。在全球经济的"股份公司"中，以跨国公司为载体的发达经济体依然牢牢占据着大股东的地位，而中国人却只能给西方人"打工"，其中一个重要原因是我国没有发达经济体和发育成熟的现代服务业。要想实现现代服务业的大发展，金融和财政这两根杠杆必不可少。从德国的全能银行，到英国的金融控股公司，再到美国通用电器和福特汽车下辖的金融服务公司，金融业早已成为产业发展进程中驱动利润增长的发动机（王爱俭，2011）。在科学技术的全力推动下，经济全球化既能催生一大批新兴服务业，又需要给予支撑。在促进现代服务业发展的众多动力引擎中，金融业已成为现代服务业的重要支柱产业和重要组成部分。现代服务业的大发展必须依托金融改革创新来加快推动。

优化产业结构、推动产业升级，是我国实现经济健康发展、提升竞争力的必经之路。近年来，服务业发展日益受到党中央、国务院的重视。我国现代服务业的提法最早出现在1997年9月党的十五大报告中，2000年中央经济工作会议提出："既要改造和提高传统服务业，又要发展旅游、信息、会计、咨询、法律服务等新兴服务业。"党的十七大报告明确要求"发展现代服务业，提高服务业比重和水平"；国家"十一五"规划提出要"大力发展金融、保险、物流、信息和法律服务等现代服务业"；2007 年 3 月国务院也出台了《关于加快发展服务业的若干意见》。"十二五"规划明确提出："要把推动服务业大发展作为产业结构优化升级的战略重点。"随着市场经济的发展，全社会的投资格局已经由过去的财政主导型过渡到金融主导型。金融业日益成为现代服务业经济发展的血脉和核心，其服务效率和水平对产业结构调整优化升级和转变经济增长方式意义深远。在当前世界金融危机不断蔓延的趋势下，加快发展现代服务业是贯彻落实科学发展观的必要举措，是我国宏观经济背景下调结构、保增长、扩内需的主要途径，也是经济社会全面、协调、可持续发展的动力，有利于促进就业，有利于节约资源，实现可持续发展。而产业驱动需要强有力的金融支持，金融业的资金是保证产业结构调整、促进产业升级的直接推动力。目前，我国对金融支持现代服务业发展的机制、模式、规律的研究仍处于起步阶段，缺乏系统性、针对性。在当前宏观经济背景下，大力发展现代服务业是我国"调结构、保增长、扩内需"的重要途径。但现代服务业的发展需要强有力的金融支持，由于许多现代服务业企业具有重知识和技术含量、轻固定资产的特点，使得过分依赖抵押品的传统金融服务模式不能适应现代服务业快速发展的要求，如何发挥金融的资源配置作用，促进现代服务业发展，从而推动产业结构升级，是我们面临的重要而现实的课题。为此，本书基于这一现实选择，围绕金融发展对现代服务业的作用这一主题，运用产业结构理论、资本理论、投资理论、现代金融发展理论等多学科理论，以金融发展为主线，建立了金融发展作用于现代服务业发展的理论框架，分析了现代服务业发展的金融需求和金融供给的产业结构特征，从多个方面研究了金融发展对服务业发展的作用机理和效应，拟通过理论分析与实证研究，构建一套功能完善、科学高效的金融服务支撑体系。在此基础上，实证分析了我国金融发展对经济增长进而对现代服务业大发展及区域产业结构优化升级的重要影响，并提出政策建议。

1.2 研究对象与概念界定

本书把金融支持现代服务业发展作为研究对象，定位于金融业的高新技术机构、后台机构、金融业务外包机构的聚集地，企业总部（区域总部）的聚集地和金融业聚集发展的重要平台；定位于与周边环境相协调、与金融业特点相符合的高端建设带；定位于金融业实现融资融智融物、资源整合和价值发现等多重功能转变以及产业发展的良性互动。

1.2.1 服务业的界定

1. 服务业的定义

服务业的定义首先取决于对"服务"的认识。服务的复杂性和多样性，使得国际上迄今尚未形成服务业的权威定义。有学者对西方经济学文献中有关"服务"的内涵进行了归纳，大约包含了三种主要含义：第一，如果某个人或企业提供某种帮助或使用价值，从而使接受者的福利得到改善，则这个人或企业就是在提供服务。第二，服务是具有交换价值的无形交易品，其使用价值多种多样，可以是瞬间的（如娱乐产品），也可以是重复使用的（如软件产品），还可以是可变的（如针对不同病人的医疗服务）。第三，服务是个人或企业的有目活动的结果，可以取得报酬，也可以不取得报酬。经济合作与发展组织（OECD）对服务业的界定：服务业是多种经济活动的一个集合，并不直接同商品生产、采矿或农业相联系，一般采取劳动、咨询、管理、娱乐、培训、中介等形式提供人力资本价值。英国国家统计办公室（ONS）给予服务业的定义是：无形和非商品，即除了农业、采掘业、建筑业和制造业以外的产业。

2. 服务业的分类

1935 年英国经济学家阿伦费希在其出版的《安全与进步的冲突》一书中，根据当时在澳大利亚和新西兰一带将农、林、牧、矿等产业称为"第一产业"，将制造业称为"第二产业"的情况，提出了"第三产业"的概念，泛指旅游、娱乐、文化、艺术、教育、科学和政府活动等以提供非物质性产品为主的部门。1957 年，科林·克拉克在《经济进步的条件》第三版中，把国民经济结构明确地分为三大部门，即第一大部门，以农业为主；第二大部门包括制造业、采矿业等；第三大部门是服务业，包括建筑业、运输业、通讯业、商业、金融业、专业性服务和个人生活服务、政府行政和律师事务服务、军队等。目前一些国家接受经济学家布朗宁和辛格尔曼的做法，将服务业分成以下四类：（1）分配服务，包括运输和储藏、交通、批发和零售等；（2）消费者服务，包括接待与食品服务、私人服务、娱乐与消遣服务、杂项服务等；（3）生产者服务，包括对企业管理的鼓舞、金融和保险、房地产等；（4）政府公共服务。

联合国 2002 年版的国际标准产业分类主要根据经济活动划分，属于服务业的大致包括 11 类：（1）批发和零售贸易，汽车和个人家庭物品修理；（2）宾馆和餐馆；（3）运输、仓储和通讯；（4）金融中介；（5）不动产、租赁和企业活动；（6）公共行政和国防，强制性社会保障；（7）教育；（8）保健和社会工作；（9）其他社区、社会和个人服务活动；（10）作为雇主的私人家庭活动和私人家庭无差异的生产活动；（11）境（区）外组织和团体。在 OECD 国家，服务业被分为五类，第一类包括批发零售、餐饮和旅馆；第二类包括运输、仓储和通讯；第三类包括金融、保险、房地产和商务服务；第四类包括公共管理及国防；第五类包括教育、卫生、社会服务及其他。

我国国家统计局 2003 年 5 月 14 日印发的《三次产业划分规定》，将服务业（第三产业）划分为 14 类：交通运输、仓储和邮政业；信息传输、计算机服务和软件业；批发和零售业；住宿和餐饮业；金融业；房地产业；租赁和商务服务业；科学研究、技术服务和地质勘查业；水利、环境和公共设施管理业；居民服务和其他服务业；教育；卫生、社会保障和社会福利业；文化、体育和娱乐业；公共管理和社会组织、国际组织提供的服务。

3. 服务业的发展规律

根据英国经济学家克拉克和美国经济学家库兹涅茨的研究成

果，产业结构的演变大致可以分为三个阶段：第一阶段，生产活动以单一的农业为主的阶段，农业劳动力在就业总数中占绝对优势；第二阶段是工业化阶段，其标志是第二产业大规模发展，工业实现的收入在整个国民经济中的比重不断上升，劳动力逐步从第一产业向第二产业和第三产业转移；第三阶段是后工业化阶段，其标志是工业特别是制造业在国民经济中的地位由快速上升逐步转为下降，第三产业则经历上升、徘徊、再上升的发展过程，最终将成为国民经济中最大的产业。对照工业化阶段规律，服务业结构演变同样具有规律性。一般来讲，在初级产品生产阶段，以发展住宿、餐饮等个人和家庭服务等传统生活性服务业为主。在工业化阶段，与商品生产有关的生产性服务迅速发展。其中，在工业化初期，以发展商业、交通运输、通信业为主；在工业化中期，金融、保险和流通服务业得到发展；在工业化后期，服务业内部结构调整加快，新型业态开始出现，广告、咨询等中介服务业、房地产、旅游、娱乐等服务业发展较快，生产和生活服务业互动发展。在后工业化阶段，金融、保险、商务服务业等进一步发展，科研、信息、教育等现代知识型服务业崛起为主流业态，而且发展前景广阔、潜力巨大。

1.2.2　现代服务业的内涵界定

1. 现代服务业的定义

现代服务业初步发展于工业革命到第二次世界大战期间，确立于20世纪80年代。现代服务业是相对传统服务业而言的，在国外又叫知识型的密集服务业。现代服务业依托现代化的新技术、新业态和新的服务方式，创造需求，引导消费，向社会提供高附加值、高层次、知识型的生产服务和生活服务。现代服务业的发展本质上来自于社会进步、经济发展、社会分工的专业化等需求，具有智力要素密集度高、产出附加值高、资源消耗少、环境污染少等特点。现代服务业既包括新兴服务业，也包括对传统服务业的技术改造和升级，其本质是实现服务业的现代化。

与传统服务业相比，现代服务业具有三大基本特性：一是高技术性，即现代服务业科技含量高。如银行存贷款是传统的银行服务业务，若采用高科技的计算机网络技术，建立起电子银行和网上存贷款服务系统，则银行业就变成了现代服务业。二是知识性，即现代服务业为消费者提供知识的生产、传播和使用服务，使知识在服务过程中实现增值，如教育业、科学研究业、文化业、会展业、电信服务业等。三是新兴性，即在时间上是现代兴起的或从过去演变而来的。如物流服务业是新兴的和从传统商业和运输业中衍生而来的。

一般而论，在作出总量定性判定的前提下，界定现代服务业的基本标准有两个：一是同时具备三大特性的严格标准；二是只需要具备某一特性的宽泛标准。目前，国内比较有代表性的"现代服务业"定义主要有以下几种：

（1）现代服务业是在工业化比较发达阶段产生的，主要是依托信息技术、现代管理理念发展起来的信息和知识相对密集的服务业，与传统服务业相比，更加突出了高科技知识与技术密集的特点。

（2）真正意义上的现代服务业是指与现代技术密集、产业分工深化和经济社会发展相伴的信息服务、研发服务、人力资源服务、现代物流、市场营销服务等，但主要是为生产者服务的商业服务业。

（3）现代服务业是与传统服务业相区别、内涵极广的概念。它主要是指依托现代信息技术和现代管理理念而发展起来的，为社会提供高质量生活服务和生产服务的国民经济新兴领域。

（4）现代服务业又称为"现代生产性服务业"，指为生产、商务活动和政府管理而非直接为最终消费提供的服务。

综上论述，我们认为：现代服务业是指在工业化较发达阶段产生的，主要依托电子信息等高技术和现代管理理念、经营方式和组织形式而发展起来的服务部门。它是伴随着信息技术和知识经济的发展产生的新兴服务业，用现代化的新技术、新业态、新理念和新服务方式改造提升传统服务业，创造需求，引导消费，作为生产的"中间环节"向社会提供高附加值、高层次、知识型的生产服务和生活服务的国民经济新领域。具有以下几个特征：一是作为知识科技含量高、劳动生产率水平高、附加价值高的新兴产业部门，是以现代科学技术为重要支撑，建立在新的商业模式、服务流程、管理模式基础上的技术和知识密集型服务产业。二是主要依托信息技术和现代管理理念、经营方式和组织形式发展起来的知识密集型的生产型服务业和其他体现现代生产方式的新兴服务体系。三是有别于商贸、住宿、餐饮、仓储、交通运输等传统服务业，以金融保险业、信息传输和计算机软件业、租赁和商务服务业、科研技术服务和地质勘查业、文化体育和娱乐业、房地产业及居民社区服务业等为代表。与传统服务业相比，现代服务业具有竞争性、创新性、朝阳性、时效性，以及智力要素密集度高、科技含量高、产出附加值大、资源消耗低、环境污染少等特点。

2. 现代服务业的特征

我国现代服务业具有鲜明的"三新四高"的时代特征。"三新"表现为：一是新的服务领域，适应现代城市和现代产业的发展需求，突破了消费性服务业领域，形成了新的生产性服务业、智力（知识）型服务业和公共服务业的新领域。二是新的服务模式，现代服务业是通过服务功能换代和服务模式创新而产生新的服务业态。三是新的增长方式，既是产业结构优化升级的结果，又是现代服务业高人力资本投入、高附加值、低资源消耗、低环境代价的结果。"四高"表现为：高文化品位和高技术含量；高增值服务；高素质、高智力的人力资源结构；高感情体验、高精神享受的消费服务质量。

3. 现代服务业的分类

世界贸易组织的服务业分类标准界定了现代服务业的九大分类，即商业服务，电讯服务，建筑及有关工程服务，教育服务，环境服务，金融服务，健康与社会服务，与旅游有关的服务，娱乐、文化与体育服务。参照国际和我国的产业部门分类标准，根据《国民经济行业分类》（GB/T 4754—2002），结合现代服务业的产业特征，将现代服务业的范围设定为信息传输、计算机服务和软件业，金融业，房地产业，租赁和商务服务业，科学研究、技术服务和地质勘查业，水利、环境和公共设施管理业，居民服务和其他服务业，教育，卫生、社会保障和社会福利业，文化、体育和娱乐业，公共管理和社会组织等行业。具体行业分类如下：（1）金融保险业，包括银行业、保险业、证券业、信托业、风险投资业等；（2）电信业，即信息传输、计算机服务和软件业，包括固定电信服务、移动电信服务、互联网信息服务、广播电视传播服务、计算机系统服务、基础和应用软件服务等；（3）房地产业，包括房地产的投资与开发、物业管理和房地产的经纪服务；（4）物流业，这是指以集中配送、第三方供给和商业经纪服务为代表的现代流通服务；（5）商务服务业，包括法律业、会计业、公证业、职业介绍业、咨询业、广告业、设计业、会展业、市场管理服务业等；（6）科学研究和技术服务业，包括自然科学和社会科学研究、技术监督、技术交流与推广等；（7）教育、医疗和文体业，包括高等教育、职业教育、医疗服务、影视业、出版业、广播业、图书馆业、体育业等；（8）社会服务业，包括环境管理、旅游业、娱乐服务等。

1.3　研究意义、研究方法及研究思路

1.3.1　研究意义

当前，面对资源紧缺的约束以及全球气候变化、科学伦理等诸多问题的困扰，人类需要转变经济发展方式，寻求全面、协调、可持续发展的新道路，现代服务业发展不可或缺。这对现代服务业发展来说，既是机遇也是挑战。在现代服务业这个广阔的领域中，有相当一部分关系到国计民生，比如，金融服务业事关

国民经济命脉；信息服务业不仅事关国家安全和人民生活，而且越来越成为未来全球竞争的重要武器。从当前的国际经济发展趋势看，现代服务业将可能成为推动世界各国经济不断发展的持续动力，与人类社会发展交相辉映，息息相关，经济全球化需要现代服务业强有力的支撑，同时实现人类可持续发展需要加快推进现代服务业。因此，发展现代服务业，对一个国家或地区的发展来说显得尤为必要和紧迫。加快发展现代服务业，提高服务业在国民经济中的比重，尽快使服务业成为主导产业，是推进经济结构调整、加快转变经济发展方式的必由之路，是有效缓解能源资源短缺瓶颈制约、提高资源利用效率的迫切需要，是适应对外开放新形势、实现综合国力整体跃升的有效途径，也是解决民生问题、促进社会和谐、全面建设小康社会的内在要求。

现代服务业所具有的特有属性，决定了其发展必须依赖的若干特定基础条件。目前，我国现代服务业发展面临着诸多有利条件，但其基础条件尚存在较大的缺陷与不足，如金融服务业与其他服务业的耦合程度低，金融有效支持现代服务业的发展水平还比较低，与发达国家甚至一些新兴市场经济国家相比，在行业规模、竞争能力、创新能力、市场开拓、基础设施建设等方面都还存在明显的差距，从而严重影响和制约现代服务业的迅速发展。金融业日益成为现代服务业发展的血脉和核心，其服务效率和水平对产业结构调整优化升级和转变经济增长方式意义深远。在当前，大力发展现代服务业是我国宏观经济背景下"调结构、保增长、扩内需"的主要途径，而产业驱动需要强有力的金融支持，金融业的资金是保证产业结构调整、促进产业升级的直接推动力。如何有效发挥金融的资源配置作用，促进现代服务业发展，从而推动产业结构升级，是我们亟待研究的重要且现实的课题。目前，我国对金融支持现代服务业发展的机制、模式、规律的研究仍处于起步阶段，缺乏系统性、针对性。本书试图建立一个符合我国现代服务业实际情况的金融支撑框架体系，研究其发展路径，建立并完善发展机制。通过金融集聚化、集约化和集群化，为现代服务业大发展构建金融支撑平台，为产业结构优化升级发挥引擎和"加速器"作用。因此，在后危机时代，研究探讨如何有效发挥金融的资源配置作用，促进现代服务业发展，对于转变经济增长方式、全面落实科学发展观、构建社会主义和谐社会，从而推动产业结构优化升级和转型发展，具有重要的理论价值和实践指导意义。

1.3.2　研究方法与观点

本书通过文献追踪方法对现有研究成果加以总结；研究将采取定性分析与定量分析相结合，总量分析与结构分析相结合，横向分析与纵向分析相结合，描述分析与推断分析相结合，指标分析与专家调研法相结合等研究方法，对金融支持现代服务业发展进行全方位的分析。理论分析方面：从产业结构理论、资本理论、投资理论、现代金融发展理论进行研究；实证分析方面：利用向量误差修正模型、时序模型等软件进行相关数据分析。

本书研究认为，金融业发展有助于促进现代服务业大发展，有利于产业结构的优化升级和经济增长方式的合理转变，建立和完善有效的金融支持体系，是现代服务业大发展和实现产业化的必要条件。为保持国民经济结构各产业健康协调发展，要给予金融服务业合理的定位和公平的发展空间，充分发挥金融杠杆作用，加快实体经济的金融服务创新力度，提升金融服务效率，不断优化实体经济领域的要素配置结构，提高金融服务业的竞争力和支撑力，促进现代服务业又好又快发展。如引导金融机构转变观念，找准金融支持服务业发展的切入点；建立多元化的融资结构体系，拓宽金融供给渠道，大力发展直接融资，促进保险服务多元化；加快金融产品和服务创新，发展适应现代服务业特点的融资工具；加强金融政策与产业政策、财政政策等的协调配合；继续推进金融体制改革，加强金融业基础设施建设等。

1.3.3　研究思路与基本构架

本书的逻辑论证思路：以现代服务业发展与金融运行的内在联系及目标要求作为研究的基本出发点，以金融支持为轴线，以现代服务业发展为逻辑起点，始终贯穿"为什么支持→支持发展什么→怎样支持发展"的逻辑思路进行论述。分析框架也相应用三个简明的问题来贯穿：第一个问题是"为什么要支持发展"，主要通过现状分析发现存在的问题，并对造成问题的原因进行分析，从而揭示出金融支持现代服务业发展的必要性；第二个问题是"支持发展什么"，主要是对现实中所存在的问题进行理论上的分析，并通过重点考察区域金融支持服务业发展的不同层次，希望能够找到实现现代服务业大发展及产业结构优化的路径；第三个问题是"怎样支持发展"，这是基于前文分析的政策推演，主要是支撑体系的设计及制度安排与政策建议。

本书的构架共分为六个部分，各篇章之间的逻辑关系如图1－1所示：第一部分为导论，提出了本书所要研究的问题，分析了研究思路和总体框架；第二部分概括了金融支持现代服务业发展的理论基础；第三部分对金融支持现代服务业发展进行了现状考察，比较研究了国内外不同的驱动模式；第四部分从金融供给和金融需求的角度讨论了现代服务业发展的投融资结构状况，提出了各层面的金融支持体系；第五部分对金融支持经济增长进而促进现代服务业发展的有关问题进行了实证检验，认为经济欠发达地区的金融发展程度不足，金融支持现代服务业发展的支持作用显著，但要注意区域性特点；第六部分给出了结论和政策

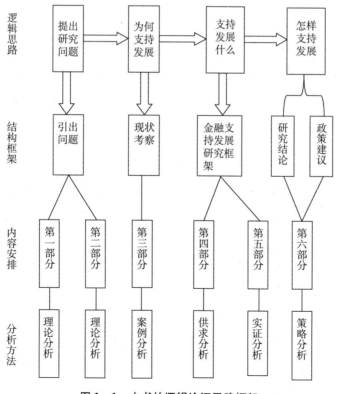

图1－1 本书的逻辑论证思路框架

建议。

1.4 主要创新与不足

从目前国内外研究的情况看，理论界尚没有关于金融支持现代服务业大发展的权威性结论。从研究方法上看，现有的研究主要采用理论性推理和描述性分析方法，尤其是描述性分析的方法应用比较普遍；从理论上讲，系统深入的理论分析和定量实证研究还比较少；从实际情况来看，对金融支持发展现代服务业的成功经验总结还不够；等等。鉴于此，本书更加注重权衡，提出如下主要创新点：

1. 基于国内外金融支持现代服务业发展理论及模式的对比分析，提出了适合我国区域特点的金融支持服务业分析框架。认为金融业是现代服务业的核心行业，其既消耗其他产业的产品和服务，又向其他关联产业提供支持和服务；既内生于现代服务业，又对现代服务业发挥外生变量的推进作用。金融体系和金融市场的不断发展为现代服务业内部各行业间提供经济资源转移的途径，为现代服务业发展提高风险补偿和金融资源支持，有利于促进区域产业合理布局和区域现代服务业综合竞争力的全面提高。

2. 利用我国区域协调发展和产业结构调整转型发展的有利契机，运用实证分析方法对案例国家或地区进行实证研究。认为金融主要通过资金形成、资金导向、信用催化、行业整合、防范和化解风险等金融机制影响现代服务业发展，支持途径主要通过以银行信贷为主的间接金融和以证券融资为主的直接金融进行。因此，建立和完善有效的金融支持体系，是现代服务业大发展及实现产业转型的必要条件。

3. 运用协整分析技术论证了金融发展与经济增长之间存在相互促进的关系。这有效地解决了传统经济建模中非平稳时间序列的"伪回归"问题，又使模型兼具系统的短期动态波动和长期均衡特征，是一种具有高度稳定性和可靠性的动态建模方法。同时引入贡献度的概念，实证分析了金融业对第三产业及服务业发展的贡献度。

4. 在支持策略上更加突出金融对现代服务业大发展的影响力和推动力。认为一个顺应市场经济的金融支撑体系的初步建成，无论从宏观上，还是在微观上，对整个国民经济及微观经济活动的有效运行都将产生难以估量的影响。金融引领现代服务业加快发展，不仅要有相应的产业政策导向，更需要努力构建与完善促进其大发展的金融支撑基础条件，从认识、理论、政策、体制、机制、策略、模式等方面多措并举，实现差异竞争和优势互补，努力为现代服务业加快发展创造良好的外部环境。

当然，由于作者研究水平的局限性以及获得有关现代服务业金融支持资料的不足和统计资料的缺失，本书的研究也只是浅尝辄止，仅仅对金融支持现代服务业发展提出了一个粗略的研究框架，但作者有信心在未来的研究中会就这一问题作深入的、系统的、全面的分析和研究。

2 金融支持现代服务业发展的理论综述

第二次世界大战后至60年代末萌芽于西方的金融发展理论，对发展中国家的经济增长和金融发展问题进行了系统的研究，如金融结构理论（Goldsmith，1969）、金融深化理论（McKinnon，Shaw，1973）、金融约束理论（Hellmann，Murdock，Stiglitz，1997），指导了发展中国家经济增长进程中的金融改革和实践，尤其是我国。

2.1 金融发展理论

金融发展理论的思想最早可以追溯到1912年美籍奥地利经济学家约瑟夫·熊彼特（Joseph Schumpeter）在其成名作《经济发展理论》一书中提出的金融与经济发展的关系。他认为经济发展的实质在于创新，创新需要信用支持。"企业家在原则上并且照例总是需要信贷，其意义是需要暂时转让给他以购买力，借以实现其新组合，从而成为一个企业家。……企业家只有先当债务人，才能成为企业家。"而最早开始研究该理论的是格利

（Gurley）和爱德华·肖（Edward Shaw），他们在 1960 年发表的《金融理论中的货币》一书中指出，在金融与实体经济关系方面，金融的作用在于把储蓄者的储蓄转化为投资者的投资，从而提高社会的生产性投资水平。经过几十年的演进，出现了几个代表性的金融发展理论：第一是 1969 年戈德史密斯的金融结构论；第二是 1973 年麦金农（McKinnon）和肖的金融深化论；第三是 20 世纪 90 年代赫尔曼等人提出的金融约束论；第四是 20 世纪 90 年代博迪和莫顿提出的金融功能理论；第五是 20 世纪 90 年代以金和莱文为代表的实证金融发展理论。

2.1.1　金融结构理论

1969 年雷蒙德·戈德史密斯在其著作《金融结构与金融发展》中利用 35 个国家 1860—1963 年的数据，引入了金融相关比率（Financial Interrelation Ratio，FIR）指标[①]用来衡量金融发展的程度，并提出金融结构决定金融发展的论点。他认为一国现存的金融工具与金融机构之和构成一国的金融结构，包括各种现存金融工具与金融机构的相对规模、经营特征、经营方式、金融中介机构各种分支机构的集中程度等。根据 FIR 的不同，可以将金融结构分为三种类型：一是 FIR 为 0.2 ~ 0.5，为金融发展的初级阶段，金融工具少，银行主导金融，以间接融资为主，主要存在于非工业化国家；二是 FIR 在 0.5 ~ 1，为金融发展的中间阶段，银行仍居主导地位，但股权凭证开始增多，融资结构开始复

[①]　金融相关比率（FIR），是衡量金融上层结构相对规模的最广义的指标，是一国全部金融资产的价值与全部实物资产即国民财富价值之比。

杂，金融结构处于多样化初期，多存在于工业化初期国家；三是 FIR 在 0.75～2，多保持在 1，为金融发展的高级阶段，金融工具、金融机构高度多样化，银行主导地位开始下降，出现基金、保险公司等新型的金融机构，融资模式发生重大变化。他还得出经济越发达、金融体系越完善、FIR 值越高，银行资产在金融机构全部资产中的占比会下降、非银行金融机构越重要等重要结论，即金融发展与经济增长呈正相关关系。

2.1.2 金融深化论

1973 年，美国经济学家罗纳德·麦金农和爱德华·肖各自发表了影响深远的著作《经济发展中的货币与资本》与《经济发展中的金融深化》，分别提出发展中国家经济发展过程中的"金融抑制论"和"金融深化论"。由于两个理论从不同的角度论述了同一个问题，故一般可简称为金融深化论。

麦金农指出，发展中国家经济货币化程度低，金融是被分割的，各个经济主体面临不同的实际收益率，同时由于资本市场缺乏，金融工具单一，各经济主体要借助于内源融资积累投资资金，必须先积累一定数量的货币才能进行投资，所以与传统的源于发达国家的货币金融理论不同。人为压低利率、过多控制金融造成金融压制，束缚了发展中国家的内部储蓄，加强了它们对于财政集资、国外资本的依赖。爱德华·肖认为健全的金融制度能将储蓄资金有效地动员起来并引至生产投资上，从而推动经济发展。然而，发展中国家由于金融制度不完善和政策失当，过多干预市场，硬性控制利率、汇率等相对价格，造成金融压制，经济发展受阻，使金融制度与经济发展处于恶性循环状态。发展中国家要纠正这种不利状况，摆脱"金融抑制"，就要采取"金融深化"措施。在论及金融发展如何促进经济增长时，麦金农认为，发展中国家落后的金融制度使投资不是依赖于外部融资，而是依靠内部融资。如果货币的实际收益率——真实利率增加，内部融资的资本的形成机会也会增大，这就是所谓的"渠道效应"。渠道效应提高了储蓄水平，促进了资本形成，进而促进了经济增长。而肖则提出了"债务媒介论"，认为货币是金融体系的一种债务，而不是真实的社会财富，货币在整个社会中发挥着各种媒介作用，它通过降低生产和交易成本而提高生产效率，增加产出，从而促进储蓄和投资。

2.1.3　金融约束论

20世纪90年代中期以来，理论界在反思金融抑制、金融深化以及金融自由化的过程中认识到，对发展中经济或转轨型经济而言，金融抑制将导致经济发展的停滞和落后，而推行金融自由化和金融深化，由于受到客观条件的制约，不仅很难收到预期效果，甚至会导致金融动荡，因此有必要走出另一条道路，这便是由托马斯·赫尔曼（Hellmann）、凯文·穆尔多克（Murdock）、约瑟夫·斯蒂格利茨（Stiglitz）等人提出的金融约束理论。他们认为，金融市场失灵本质上是信息失灵，它导致了金融市场交易制度难以有效运行，必须由政府供给有正式约束力的权威制度来保证市场制度的充分发挥。政府对金融部门进行选择性干预有助于而不是阻碍了金融深化，有助于金融发展和推动经济增长。他们特别提出经济落后、金融程度较低的发展中国家应实行金融约束政策，政府可通过金融约束政策为金融部门和生产部门创造"租金机会"，并通过"租金效应"和"激励作用"来有效解决信息不完全问题，也就是说政府可以在一定的前提下，通过对存贷款利率加以控制、对市场准入及竞争加以限制以及对资产替代加以限制等措施，来为金融部门和生产部门创造租金，并提高金融体系运行的效率。

2.1.4 金融功能理论

20世纪90年代金融发展理论研究非常活跃，一些学者超越传统比较金融框架，超越具体的政治、经济、文化、机构和历史背景，从功能观角度，提出一个统一的概念框架。在前人研究的基础上，博迪和莫顿（Bodie，Merton，1995）认为"金融功能比金融机构更稳定"，任何经济社会都需要金融体系发挥基本功能，并具体指出金融的六大基本功能，即清算和支付功能、融通资金和股权细化功能、资源转移功能、风险管理功能、信息提供功能以及解决激励问题功能，这些功能在不同国家以及经济的不同发展阶段都很少发生变化。金融发展的功能观是金融理论发展过程中的一个突破，使金融发展理论更进了一步。

同期不少学者还分析了"银行主导型"和"市场主导型"金融体系功能的比较，从金融功能的层面进一步丰富与发展了金融发展的内涵。"银行主导型"的观点主要有：Gerschenkron（1962）强调银行对经济增长的促进作用，认为在国内会计和法律制度健全的条件下，对增加公司信息透明度和提高债务偿还率，权威性的银行比市场更加有效。Stiglitz（1985，1993）则强调金融市场容易造成"搭便车"的问题，银行在降低信息不对称方面比市场更为有效。Boot Greenbaum 和 Thakor（1993）从监管的角度来分析银行的优势，认为银行对公司实行的是长期的监管，有利于长期经济增长。而 Auen 和 Gale（1999）、Port（1992）、Aoki 和 Patrick（1993）从董事会和管理者之间的关系上来研究银行的优势，认为银行与公司形成的长期关系有利于提高资源的配置效率。"市场主导型"观点是把"银行主导型"的不足作为其立足点的。Bhattacharya 和 Chiesa（1995）、Dew Atripont 和 Naskin（1995）以及 Thadden（1995）认为一旦银行获得了公司的内部信息，就能够获取租金。"银行主导型"融资容易使银行利用其权力从公司抽取未来利润，这种抽取未来利润的行为会降低公司的创新能力（Raian，1992）。Weinstein 和 Yafeh（1992），Morcka 和 Nakamura（1999）对多个国家的金融结构进行了研究后发现，"银行主导型"的另一个弊端就是银行容易与公司经理人相互串谋，不利于竞争和创新，从而不利于经济增长。Edward 和 Fisher（1994）以及 Black Moersch（1998）对一些国家的融资结构进行实证研究后发现，银行容易成为公司的"俘虏"或者与公司代理人相互勾结。而 Wenger Kaserer（1998）的研究发现"银行主导型"融资体制会形成公司控制，其结果往往是银行自己成为自己的股东。总之，"银行主导型"观点强调银行金融结构在动员储蓄、发现投资机会和执行公司治理等方面处于优势地位，特别是在经济发展的早期和比较弱化的经济环境中，银行具有独特的优势。与此同时，"市场主导型"观点则强调金融市场在配置资本、提供流动性、风险管理工具和减轻由于银行权力过度而导致一系列问题等方面的优势。

2.1.5 实证金融理论研究

20世纪90年代初，金（King）和莱文（Levine）开创性的工作打破了金融发展理论研究的僵局，为现代金融发展理论的形成和发展奠定了基础。他们设计了4个指标，利用80个国家1960—1989年的数据，在系统研究影响长期经济增长的因素后发现，金融中介的规模和功能的发展不仅促进了经济中的资本形成，而且刺激了全要素生产力的增长和长期经济增长。之后，莱文和泽尔瓦斯（Zervos）研究了股票市场的发展对经济增长的影响。他们设计了6个指标，从股票市场的规模、功能、波动性和国际一体化程度4个方面衡量了金融市场发展对经济增长的影响。结果表明，股票市场的发展并不一定导致储蓄率的上升，股票市场的发展是通过自身功能的改善来刺激要素生产力的发展，进而促进了长期经济增长。

同时，一些经济学家从更为微观的层面（从产业和企业的层面）来研究金融发展与经济增长之间的关系。拉詹和津盖尔（Rajah，Zingales，1998）通过研究金融发展对企业外部融资成本的影响来研究金融发展对行业成长的促进作用。结果表明：一个发达的金融体系有助于企业克服道德风险和逆向选择，从而使企业的外部融资成本下降。德米尔居奇—昆特和马克西莫维奇（Demirguc – Kunt，Maksimovic，1998）从企业层面分析了金融发展的作用。通过进行回归分析显示：金融发展使企业通过长期外部融资突破了单纯依靠内部融资和短期融资的企业资产增长率所能达到的边界，实现了对最大可能增长率的超越。此外，伍尔戈尔（Wurgler，2000）使用行业层次数据，从投资变动率的角度研究金融发展与经济增长的关系。拉芙（Love，2003）使用企业层次的数据来检验金融发展是否使融资约束得以放松。

2.2　产业结构理论

关于产业结构最朴素的推断由威廉·配第（William Petty）在其《政治算术》中提出。在配第之后，亚当·斯密（Adam Smith）在《国富论》中虽未明确提出产业结构概念，但论述了产业部门、产业发展及资本投入应遵循农工批零商业的顺序。20世纪30年代到70年代，西方学者对服务结构理论的贡献主要是确立了三大产业理论。三大产业理论的主要代表是费雪（Fisher）、科林·克拉克（Colin Clark）、库兹涅茨（Kuznets）。在20世纪30年代大危机时期，工业部门衰退，服务部门在经济中的明显优势得以体现，新西兰经济学家费雪以统计数字为依据，首次提出了关于三次产业的划分方法，产业结构理论开始初具雏形。科林·克拉克继承了配第、费雪等人的观点建立起了完整、系统的理论框架，提出"配第—克拉克定理"①。美国经济学家和统计学家库兹涅茨（1973）在《现代经济增长》和《各国经

---

① 1940年科林·克拉克在《经济进步的条件》一书中指出，随着经济的发展，即随着人均国民收入水平的提高，劳动力首先由第一次产业向第二次产业移动；当人均国民收入水平再进一步提高时，劳动力便向第三次产业移动，劳动力在产业之间的分布状况，第一次产业将减少，第二次、第三次产业将增加。这就是所谓的"配第—克拉克定理"。

济增长的数量方面》等著作中将这一理论更精密化。他将第一次、第二次、第三次产业分别称为"农业部门"、"工业部门"、"服务部门"，得出如下结论：农业部门实现的国民收入，随着年代的延续，在整个国民收入中的比重同劳动力在全部劳动力中的比重一样，处于不断下降之中；工业部门的国民收入的相对比重大体看来是上升的，但劳动力的相对比重却是大体不变或略有上升；服务部门的劳动力相对比重几乎都是上升的，但国民收入的相对比重却是大体不变或略有上升。至此，"配第—克拉克定理"的地位在经济社会中更加稳固。

20世纪70年代大危机之后，西方经济学家继承"配第—克拉克定理"，提出了后工业化理论。其代表就是社会学家丹尼尔·贝尔在《后工业社会的来临，一个大胆的社会预言》中提出，经济社会正在进入一个新时代，这就是"后工业社会"，即以"服务部门"为龙头的经济社会。钱纳里和他的同事赛尔奎因（1975）把研究领域进一步扩展到低收入的发展中国家，提出"标准产业结构"。他们对人均GNP从100美元至1000美元区间的结构变化进行研究，认为结构变动的75%～80%发生在这一区间，其中最重要的积累过程和资源配置过程，都将发生显著、深刻的变化。

2.3 服务经济理论

1935年费雪发表了《文明和安全的冲突》一书，首次提出了第三产业这一概念，从此，对服务经济的研究逐渐成为国内外经济学、社会学中的热点。

2.3.1 古典经济理论对服务的认识

18 世纪后期到 19 世纪中期对服务活动研究最具影响力的是西方古典学派的代表亚当·斯密。他认为所有经济活动可以划分成生产性和非生产性的。生产性劳动主要是指物质产品的生产，这些劳动可以"增加其行为对象的价值"，并且创造自己的收入；非生产性劳动不能被积累，也不能成为社会积累资本的一部分，从事非生产劳动工作人员所获得的只能是收入之外的报酬。而萨伊等人对此提出了质疑。萨伊的观点集中体现在他的《政治经济学概论》一书中，在该书中他认为，人们所给予物品的价值，是由物品的用途而产生的，所谓生产不是创造物质，而是创造效用。萨伊实际上肯定了服务劳动属于生产性劳动，否定了斯密的见解。英国经济学家西尼尔在《政治经济学大纲》一书中指出，产品分成物质的和非物质的两类，即商品和服务。这一争论成为以后不同思想倾向的基础。

2.3.2 后工业社会理论

1965—1975 年是资本主义发展最快和最平稳的时期，一些社会学者和经济学家开始讨论"后工业社会"和"服务社会"问题。最早对服务经济及其结构进行研究的是美国经济学家维克多·富克斯（Victor R. Fucks）。他在 1968 年出版的经典著作《服务经济学》（*The Service Economy*）中，以实证的方法对战后美国从工业经济过渡到服务经济的进程中服务经济就业人数的增长情况、增长的原因、各服务行业之间在生产率变化方面的差异，以及工资、行业周期特点、行业组织和劳动力特征等重要方面进行了分析。富克斯的一些观点成为美国社会学家丹尼尔·贝尔的"后工业化"理论的来源之一。贝尔在他 1973 年出版的《后工业社会的来临，一个大胆的社会预言》一书中提出了社会发展的三阶段理论，即前工业社会、工业社会和后工业社会。其后，各主要资本主义国家的经济学家相继发表了有关服务经济问题的专著。这些专著涉及服务市场学、服务经济基本原理、旅游经济和医疗卫生经济、邮电经济等问题。比较而言，日本的服务经济学研究规模较大，研究程度较深。饭盛信南先后出版了多部与服务经济有关的有影响的著作，如《生产性劳动的理论》（1977）、《生产性劳动与第三产业》（1978）、《经济政策与第三产业》（1978）、《服务经济学导论》（1985）等。

2.3.3　服务产业化或新工业主义理论

20 世纪 70 年代，美国等西方国家出现"滞胀"，人们认为服务经济的过度发展已经超出工业生产能力所允许的范围，成了"服务危机"（Services Crisis），阻碍着整体经济的恢复和发展，具有典型意义的理论体系是新工业主义（Neo‐industrialism）理论，代表人物是乔纳森·格沙尼（Jonathan Gershuny）。他在 1978 年出版的《工业社会之后自我服务经济的兴起》与 1983 年出版的《社会创新与劳动分工》中，认为教育、医疗、公共管理等所谓"公共服务"部门将经历"产业化"时期并转化为"自我服务"，这一转变有赖于信息技术的进步，服务部门如娱乐、交通、通讯、医疗等亦可循同一途径"产业化",这一产业化过程会带来新兴的商品,引起大规模的公开投资,西方经济亦可借此而得以复苏。因而,商品生产仍将超过服务生产,个人和公共服务部门的就业将下降。他还认为,服务的替代效应大于收入效应,这主要是因为服务的价格上升速度远远大于收入的增长,因而可能出现"自我服务社会"。

2.4 金融支持现代服务业发展的理论及研究述评

现代服务业是世界经济发展的制高点,也是新形势下各国经济竞争的焦点,特别是在全球产业结构加快调整和经济全球化空前发展的今天,现代服务业日益成为各国经济发展的动力和引擎。但是,我国现代服务业仍处于初级发展阶段,这种现状的形成,除了经济结构不合理、服务业竞争力整体水平低、相关法律法规不健全等因素外,缺乏必要的金融支持也是一个重要原因。金融支持现代服务业发展的理论有金融发展理论、产业结构理论和服务经济理论。

2.4.1 金融发展理论的评价

金融是经济发展不可或缺的要素,最早散见于柏拉图和亚里士多德的著作中,重商主义者首次将货币金融等经济问题作为一个单独的范畴来研究。随着货币金融实践的深入,金融对经济的作用逐步被一些经济学家所重视。1898 年维克塞尔在《利息与价格》一书中提出,货币不仅媒介交易,而且促进投资,引起经济发生向上或向下累积性波动。1912 年熊彼特在《经济发展理论》一书中系统阐述了金融与经济发展之间的关系。1936 年，凯恩斯在吸收维克塞尔货币理论的基础上发展和提出了自己的货币需求理论。他认为经济通过利率而受到货币数量的影响，从而否认了货币中性论，并且将低利率及增加货币数量的货币政策视为国家干预经济的重要政策工具之一，为西方国家普遍采用。

20 世纪 60 年代一些学者开始研究金融与经济发展问题。1969 年美国耶鲁大学雷蒙德·戈德史密斯创建了衡量一国金融结构和金融发展水平的基础数量指标体系，以后西方学者的研究在很大程度上沿袭了这种做法。但他只证明了金融与经济增长之间存在着大致平行的相关关系，但未能确认到底是金融因素促进经济增长或是金融发展是由其他因素引起的经济增长的反映。1973 年，罗纳德·麦金农和爱德华·肖开始研究发展中国家金融与经济发展问题，金融深化理论给经济发展提供了一个全新的视角和思路，对发展中国家的金融体制改革产生了深远的影响。然而，他们的理论在许多发展中国家实施的结果并不能让人满意，很多国家在放松金融管制之后都爆发了金融危机。20 世纪 90 年代中期，赫尔曼（Hellmann）、穆尔多克（Murdock）、斯蒂格利茨主要从有效需求观点和信息不对称角度批评传统的金融深化理论，认为金融自由化改革对经济的作用是不确定的，提出金融约束论。这为发展中国家金融自由化过程中如何实施政府干预提供了理论依据和政策框架。但是金融约束作为一种动态的政策工具，要求随着经济金融发展而做动态调整，该理论对干预程度、调整时机把握并没有提出确切的标准。

同期，莫顿和博迪（1995）正式提出金融功能观以后，对金融功能问题的研究得到迅速扩展。首先他们对金融功能的具体内容进行了界定，并利用功能范式对许多具体问题进行研究，例如保险市场、金融体系等。金和莱文开创性地打破了金融发展理论研究的僵局，为现代金融发展理论的形成和发展奠定了基础。金和莱文的工作对金融发展理论的贡献是多方面的，其中最重要的贡献在于衡量了金融功能在经济增长中的贡献，尤其是令人信服地证实，金融功能的确对决定长期经济增长率的全要素生产力具有显著的贡献，这使金融发展理论在沉寂了二十多年后重返主流学术界，他们的研究方法和思想亦对后来的研究产生了深刻影响。德米尔居奇—昆特和马克西莫维奇（1998）从企业层面分析了金融发展的作用。伍尔戈尔（2000）使用行业层次数据，从投资变动率的角度研究金融发展与经济增长的关系。拉芙（2003）使用企业层次的数据来检验金融发展是否使融资约束得以放松，从产业和微观层面验证了金融发展对经济增长的作用机理。

2.4.2　产业结构理论的评价

威廉·配第提出产业结构理论的最初推断时，恰处工业部门尚不发达、还有赖于农业的支撑的时代。斯密的产业结构思想，带有浓厚的重农主义倾向。在 20 世纪 30 年代大危机后，工业部门衰退，服务部门在经济中具有明显优势。费雪以统计数字为依据，再次提起配第的论断，并首次提出了关于三次产业的划分方法，产业结构理论开始初具雏形。克拉克继承了配第、费雪等人的观点，建立起了完整、系统的理论框架。1940 年，在《经济进步的条件》中，探讨了经济发展最重要的共生现象：劳动人口从农业向制造业、进而从制造业向商业及服务业的移动，即所谓克拉克法则。库兹涅茨将这一理论进一步精密化，使克拉克法则的地位在现代经济社会更趋稳固。20 世纪 70 年代大危机之后，产业结构出现以服务部门比重剧升为特征的新变化，这似乎为克拉克、库兹涅茨等人的论断提供了现实的证明。对此，西方经济学家毫不怀疑地将克拉克法则推延至 20 世纪 70 年代之后，提出了"后工业化理论"。其代表就是社会学家丹尼尔在《后工业社会的来临，一个大胆的社会预言》中提出，经济社会正在进入一个新时代，这就是"后工业社会"。钱纳里和他的同事赛尔奎因（1975）把研究领域进一步扩展到低收入的发展中国家，提出了揭示经济发展和结构变动的"标准产业结构"。钱纳里等人与库兹涅茨的研究都是从总体上研究产业结构演变的一般趋势，揭示其普遍性的经验事实和一些经验性规律，对于后发的发展中国家研究本国的产业结构是否合理以及本国的经济增长是否是伴随着产业结构变动的良性增长，具有重要意义。

2.4.3 服务经济理论的评价

关于服务经济理论的研究最早始于 17～18 世纪，英国古典政治经济学家威廉·配第最早将服务视为一种专门职能及独立的经济部门，由此揭开了将"服务"作为独立范畴进行研究的篇章。英国经济学家费雪 1935 年在其所著的《进步与安全的冲突》一书中首次提出"第三产业"的概念，并将其应用于国民经济产业结构的划分，从而形成了三次产业的分类法。同时，科林·克拉克提出著名的"克拉克法则"，为世界各国关于服务业的产业政策和宏观政策提供了理论依据。

20 世纪中叶后是西方资本主义国家发展的黄金时期，美国经济学家维克多·富克斯认为，社会对服务产品的需求增长加快，分工专业化衍生了专门为企业（尤其是制造业企业）服务的各类组织。维克多·富克斯还发现，服务部门的生产率较之工业部门趋于较不稳定，服务部门工资不仅比工业部门工资少得多，而且各行业间工资差别很大。20 世纪 70 年代末，美国等国家出现的"滞胀"现象引发了学者对服务经济的新思考，一些学者认为，破解经济危机之道在于对服务业施行产业化，即服务生产制造业化。典型的代表理论是乔纳森·格沙尼提出的新工业主义理论，认为未来社会仍是以物质产品的需求增长为动力的"工业经济"模式，未来社会的发展不是服务社会，而是新的工业生产技术和组织方式下的新的工业社会。另一种观点称为产业服务化，即强调工业将趋向服务密集型。Shelp 和 Riddle 认为，任何服务产品的生产都会融入越来越多的服务作为中间投入要素，无论什么产业都将逐渐转向服务化发展。至此，服务经济理论与应用研究开始走向创新。

2.4.4　文献综述

综上所述，国内外学者从理论研究和实证分析角度，对本书研究的问题做了有益的探索。宏观层面，King 和 Levine（1993）、Rousseau 和 Wachtel（1998，2000）等，利用向量误差修正模型、时序模型等的实证分析，明确了金融中介和金融市场作用于经济增长的机理。从 20 世纪末期开始，更多的学者从中观和微观的层面，研究了行业成长和金融发展的关系。如 Rajan 和 Zingales（1998）、Wurgler（2000）、Fisman 和 Love（2003）、Demirguc－Kunt 和 Maksimovic（1998），从产业和微观层面验证了金融发展对经济增长的作用机理。Rajan 和 Zingales（1998）通过分析金融发展对企业外部融资成本的影响来研究金融发展的行业成长的促进作用。其研究结果表明：一个行业在成长过程中，对外部融资的依赖程度越大，金融发展对其促进作用也就越大。其模型估计结果也支持了该观点。也有学者从企业外部融资方式的选择角度，分析了银行主导型和市场主导型金融模式对企业以及行业发展的影响。如 Demirguc－Kunt 和 Maksimovic（1996）使用 30 个发展中国家和工业化国家的 1980—1991 年数据，从实证上分析了股票市场发展对企业融资决策的影响。

鉴于国外学者的研究和贡献，国内学者对发展现代服务业与经济增长的关系、现代服务业发展的模式选择、金融支持现代服务业发展的策略等也进行了一些理论和实证研究，从内容上看主要集中于前两类。根据配第—克拉克定理，"劳动力人口由农业转移到制造业，再由制造业转向商业和服务业"，随着城乡统筹的开展，服务业将成为吸收劳动力转移的重要途径。同时，结合发达国家服务业的发展情况来看，服务业对国民经济的推动力与经济发展水平呈持续正相关，服务业对 GDP 的贡献随国民经济发展水平的提高而增大。现代服务业与经济增长关系的研究，如江小涓（2004）在《服务业与中国经济：相关性和加快增长的潜力》中通过国际比较，得出我国服务业增长速度偏慢的结论。陈凯（2005）对服务业在经济发展中的地位和作用，进行了国内外理论的比较研究。暮宾（2007）指出，世界已进入服务经济时代，现代服务业发展水平将推动城市经济转型，成为衡量城市未来竞争力的主要指标。鱼红锋（2008）根据现代服务业的定义，对改善现代服务业的统计方法进行了理论研究。李凤升、赵俊平和孔庆双（2008）运用单位根检验、协整检验、Granger因果关系检验进行了实证分析，结果表明：黑龙江省服务业与经济增长之间存在着 Granger 因果关系和长期稳定的动态均衡关系。也有学者指出：从理论分析抑或是实证研究均不能得出服务业发展对经济增长集约化程度有显著效应的结论，因而加快服务业发展、提高服务业比重以促进经济增长方式转变的提法是值得商榷的（杨勇华，2007）。

现有的研究，主要针对现代服务业概念的提出、现代服务业的重要性、现代服务业的内涵与特征、现代服务业与制造业的关系、现代服务业的发展战略与模式、现代服务业的集聚现象等方面展开，对现代服务业的产生和发展以及基本的内涵与特征有了比较清楚的认识。大部分的研究主要目的是满足地方发展服务业的政策需要，属于应用性对策研究，提出了一些针对性的政策建议和发展思路，对于政府部门制定现代服务业的发展政策具有一定的指导作用。基于经济增长的不同阶段对现代服务业的发展模式存在不同要求，国内学者立足于不同的经济区域，对现代服务业的增长模式进行了研究。刘有章、肖腊珍（2004），徐斌、冯亮能（2008），侯红昌（2007），西安财经学院课题组（2007）

分别对湖北、江西、河南、陕西等省的现代服务业发展现状及对策进行了研究。陈顺龙、廖锦水（2008），陈水萍（2008），刘小伟（2007），叶英（2008）分别对厦门、宁波、山东、上海等地的现代服务业发展模式选择进行了研究。

目前很少学者做服务业发展的金融支持研究，李安定（2006）在《论上海现代服务业发展与金融支持》中提出了几项支持服务业发展的金融措施，具体包括发展风险资本、建立战略性项目发展基金、利率市场化以后建立风险补偿基金等。由于文章并没有对服务业发展与金融支持在现阶段的作用机制做理论上的说明，其政策建议的可行性受到了质疑。吴明理（2007）在《现代服务业发展趋势与金融支持》一文中则从服务业分类的角度，对需要重点进行金融扶持的具体行业进行了总结，但没有提出具体的金融支持措施。在经济发展中，金融服务业主要扮演三种角色：维持金融体系稳定、为其他产业融通资金、作为维持国民经济中产业结构均衡发展的服务性产业。现有的理论研究和政策建议基本上以金融服务业的前两种职能为主，较少涉及或根本忽视了金融产业作为与其他产业保持密切关联关系的服务业的角色。不少学者对现代服务业的现状进行了考察，但尚无文献从金融支持角度对促进现代服务业发展的对策进行深入研究。

现有的研究主要采用理论性推理和描述性分析方法，尤其是描述性分析的方法应用比较普遍，深入的理论分析和定量实证研究还比较少，特别是对金融支持发展现代服务业的成功经验总结还不够，对金融支持现代服务业发展的机制、模式、规律的认识还有待深入，需要在今后的研究中加强。因此，为保持国民经济结构各产业健康协调发展，要给予金融服务业合理的定位和公平的发展空间，以提高金融服务业的竞争力和支撑力，促进现代服务业又好又快发展。

3 金融支持现代服务业发展的现状考察和比较研究

Gee（1950）认为，"案例研究方法与统计研究方法相互依赖，互为补充，而不是截然对立"，并且，"作为一种研究方法，案例研究似乎首先用于描述当代资料，并从中得出归纳性的普遍结论"。Yin（1994）提出数据收集的第一条原则是用多种来源的数据，这一原则是基于它允许研究者对所获得的数据进行三角互证。研究者可以对不同来源的数据、对不同调查者所收集到的数据、对按不同角度和不同方法所收集到的数据进行三角互证。

3.1 金融支持现代服务业发展的现状考察

3.1.1 山西省金融发展现状

山西省金融业积极贯彻落实宏观调控政策，围绕山西省经济转型跨越发展，银行业合理增加信贷支持，优化信贷结构，不断提高金融服务和风险管理能力，金融改革稳步推进，新型农村金融机构和准金融机构发展迅速；证券公司网点布局优化、业务范围扩大，期货公司和上市公司规模继续增加，融资融券业务试点和股指期货推进工作稳步运行；保险业快速发展，赔款和给付支出相对平稳，保险覆盖面继续拓展，市场秩序良好。

1. 金融服务体系不断完善

银行和非银行金融机构发展迅速，金融服务体系逐步完善。山西省已形成了以政策性银行、国有控股商业银行、股份制商业银行为主体，保险、证券以及非银行金融机构互为补充，功能齐全、分工合理的多元化金融体系。一是银行金融机构发展迅速。2010年末，山西省共有28家地方法人银行机构，共有约5000个分支机构，新增1家农村合作银行、6家村镇银行、1家农村资金互助社。二是证券经营机构大幅增加。2010年末，共有省内证券营业部100家，比上年末增加38家，其中2家法人机构设营业部57家，比上年末增加27家；29家异地证券机构设营业部43家，比上年末增加16家；法人机构设外地营业部31家，比上年末增加8家；期货经纪公司5家，新设5家期货营业部。三是保险经营主体保持不变。截至2010年末，省级分公司以上保险公司31家，其中财产保险公司16家，人寿保险公司12家，养老保险公司1家，健康保险公司1家，法人保险公司1家。

2. 金融体系改革创新步伐加快

（1）金融改革稳步推进。农村信用社改革进一步推进，加大培育新型农村金融机构力度，小额贷款公司发展迅速，国家开发银行、农业发展银行改革和农业银行"三农"事业部制改革有序进行，组织架构、业务边界、风险防范不断建立和完善，创新意识、金融服务能力和县域支行经营能力得到提升，金融服务体系进一步健全。截至 2009 年末，山西省农村信用社完成的央行票据兑付分别占发行县（市）总数和票据额度的 99.09% 和 99.71%；资本充足率 15.04%，比 2002 年末提高 25.14 个百分点；共设立 150 家小额贷款公司，比 2008 年增加了近 100 家，注册资本 81 亿元，贷款余额 41 亿元。太原市商业银行成功改制为晋商银行股份有限公司并顺利挂牌，邮储银行各级分支机构挂牌营业，新增 3 家财务公司，近 10 家银行设立或正在筹建辖内异地分支机构，引进第一家外资银行——汇丰银行。

（2）市场环境明显改善，上市公司规模扩大。2009 年山西省政府出台了《山西省人民政府关于加快资本市场发展的实施意见》和《山西省资本市场 2009—2015 年发展规划》，并启动了上市公司优化、区域发展奠基、中小企业快车道、高新技术企业创业、煤业集团整体推进、金融创新六大工程。社会各界对大力发展资本市场的重要性认识不断深化，各地纷纷建立企业上市绿色通道，形成了企业积极争取上市的良好氛围。截至 2009 年末，山西省拟上市后备资源储备达 240 多家，进入储备库的 94 家，已报备山西证监局进入辅导期的拟上市公司有 7 家，已上报证监会审核的有 4 家企业。2009 年 12 月，同德化工通过 IPO 发行审核，标志着山西省实现了中小板企业上市零的突破。截至 2010 年末，共有境内上市公司 31 家，比上年增加 3 家，其中同德化工和山西证券在中小板上市，山西证券为辖内第一家金融类上市公司，也是中西部地区首家通过 IPO 上市的证券公司，振东制药创业板 IPO 申请在 2010 年 10 月获得通过；100 家企业进入山西省上市资源储备库，14 家报备山西证监局，4 家上报证监会待审核；上市公司累计筹集资金 782.87 亿元，同比增长 37.74%；总市值 6249.15 亿元，在全国排第 9 位，在中部六省排第 1 位。

（3）各险种和业务稳步发展，保险覆盖面不断拓宽。一是产品结构得到改善。与国计民生关系密切的工程险大幅增长，同比增长 189.87%，结构占比上升 0.69 个百分点。寿险公司分红险成为推动寿险业务发展的主要动力，累计实现保费 158.36 亿元，同比增长 22.06%，对寿险公司保费增长的贡献度达 135.6%；健康险、意外险保费收入分别增长 24.89% 和 12.73%，结构占比同比提高 0.58 个和 0.03 个百分点；万能险和投连险同比负增长。二是业务结构得到改善。寿险新单期缴保费同比增长 27.21%，新单期缴率为 26.38%，同比上升 5.31 个百分点；累计实现标准保费 43.84 亿元，同比增长 21.33%，是寿险公司保费增速的 2 倍多。三是渠道结构得到改善。银邮代理渠道实现保费 106 亿元，同比增长 6.29%，在总保费中的占比同比下降 1.97 个百分点；个人代理渠道实现保费 97.94 亿元，同比增长 18.95%，在总保费中的占比 44.59%，同比提高 3.12 个百分点，增速是银邮代理渠道的 3 倍多（见图 3 - 1）。

同时，保险覆盖面不断拓宽，服务能力和稳定器作用持续增强。截至 2010 年末，一是农业保险继续推进，山西作为首批开展"农村小额人身保险"试点的 9 省市之一，正在为越来越多的农村群众提供保障。在 5 个地市启动政策性种植业保险工作，养殖业、种植业保险累计实现保费收入 5822 万元，同比增长 40.5%。农村小额人身保险覆盖人群 347 万人次、统保村 1997

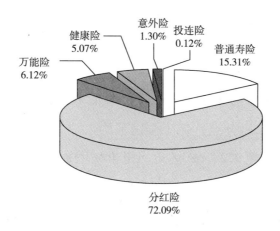

数据来源：山西保监局。

图 3-1　山西省寿险公司险种结构

个，风险保额达 356 亿元，支付赔款 4000 多万元。二是积极支持基础设施建设，先后为大西铁路、平阳高速等重点工程建设提供配套保险服务，承担风险保额近 700 亿元，支付赔款 2670 万元。三是出口信用保险累计支持对外贸易与投资 4.6 亿美元，同比增长 194.3%，覆盖企业近百家。四是积极参与多层次医疗保障体系建设，在全省 11 个市发展城镇职工、城镇居民大额医疗补充保险，医疗和养老保障准备金超过 900 亿元，同比增长 25.88%。五是大力推动责任险在教育、医疗、交通、旅游、高危行业等重点领域的发展，全年实现责任险保费 2.28 亿元，同比增长 13.27%。2010 年末，保险业资产总额 677.75 亿元，比年初增长 27.66%，是 2005 年末的 2.4 倍；保险深度和保险密度分别为 4.2% 和 1065.6 元/人，比上年末分别提高 0.27 个百分点和增加 222.3 元/人，分别是 2005 年的 1.42 倍和 2.94 倍。

　　3. 金融市场功能不断增强

（1）银行资金规模快速增长。2010年末，山西省银行业金融机构资产总额2.22万亿元，同比增长20.98%；负债总额2.17万亿元，同比增长18.86%。本外币各项存款余额1.86万亿元，比年初增加2879.97亿元，增长18.27%，增幅比上年同期下降4.55个百分点，低于全国平均水平1.81个百分点；本外币各项贷款余额9728.68亿元，比年初增加1816.38亿元，增长22.96%，高于全国平均水平3.15个百分点。资产占比和贷款占比两项指标，5家大型商业银行分别为44.79%和41.46%，同比下降4.88个和1.53个百分点；股份制商业银行分别为13.84%和18.96%，同比上升0.56个和0.82个百分点；城市商业银行分别为5.4%和5.35%，同比上升0.72个和0.08个百分点；农村信用社资产占比21.42%，同比上升2.37个百分点；随着村镇银行、财务公司的增设，其他银行业金融机构资产和贷款占比均有较大幅度的提升，分别为8.01%和1.99%，同比上升1.13个和1.11个百分点（如图3-2与图3-3所示）。

（2）证券市场交易规模扩大，经营实力不断增强。截至2010年末，山西省投资者资产账户为142.94万户，同比增长12.24%；证券交易额为10779.77亿元，同比下降12.13%；客户交易结算资金169.16亿元，同比下降6.4%。证券机构手续费及佣金收入17.21亿元，净利润9.31亿元。山西证券公司不断扩大业务范围，创新业务模式，辖内首只集合理财产品成功发行，其子公司中德证券2009年成立以来完成首发项目6单，列国内合资券商之首；在大型股权融资项目上实现突破，完成华夏银行次级债和中石油集团企业债的发行工作。大同证券坚持经纪业务

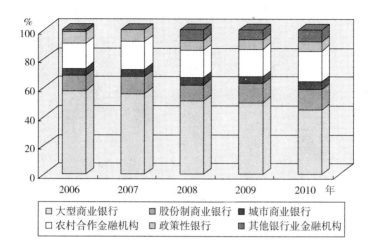

数据来源：山西银监局。

图 3 - 2　山西省金融机构资产变化情况

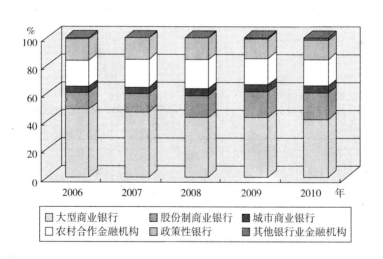

数据来源：中国人民银行太原中心支行。

图 3 - 3　山西省金融机构新增贷款情况

特色经营，树立区域特色品牌。辖内期货投资者开户数 3.26 万户，同比增长 33.16%；代理交易额为 7.2 万亿元，同比增长

33.77%，占全国市场份额的 2.33%；5 家期货经纪公司资产总额为 19.78 亿元，同比增长 27.79%；净资产总额为 3.13 亿元，同比增长 3.13%；手续费收入为 2.33 亿元，同比增长 24.83%；净利润为 1251.93 万元（如图 3-4 所示）。

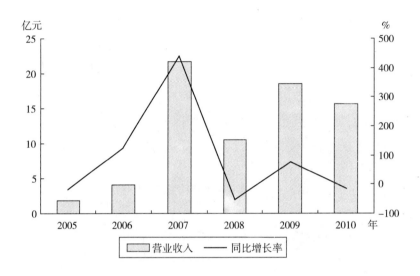

数据来源：山西证监局。

图 3-4　山西省法人证券公司营业收入变化情况

（3）保险市场资产规模继续扩大，保费收入和赔款给付比较平稳。2010 年山西省保险业发展势头良好，实现原保险保费收入（以下简称保费）365.3 亿元，同比增长 26.29%，高于上年同期 15.42 个百分点。其中，产险公司累计实现保费 95.7 亿元，同比增长 37.53%，高于上年同期 25.89 个百分点；寿险公司累计实现保费 269.6 亿元，同比增长 22.73%，高于上年同期 12.1 个百分点。产险公司结构占比上升 2.14 个百分点，产险、寿险保费规模比例为 26.2:73.8。共计发生赔付支出 79.85 亿元，同比增长 1.67%，比上年末下降 5.08 个百分点。保险业资产总

额为 677.75 亿元，比年初增长 27.66%，是 2005 年末的 2.4 倍
（如图 3 - 5 所示）。

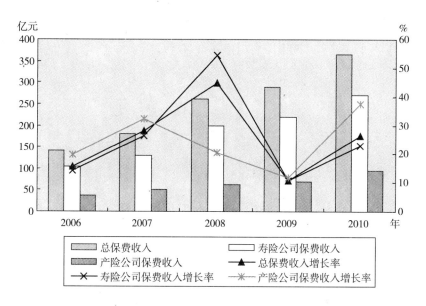

数据来源：山西保监局。

图 3 - 5 山西省保险业保费收入增长情况

（4）货币市场取得长足发展。截至 2009 年末，山西省金融
机构共有 37 家加入全国银行间同业拆借市场和债券市场，比上
年同期增加 7 家，累计成交金额为 10788.1 亿元。

3.1.2 山西省现代服务业发展的特点

近年来，山西省紧紧抓住国内外服务业大调整大转移的机
遇，发挥比较优势，改造提升传统服务业，大力发展现代服务
业。服务业成为"十一五"助推山西省经济发展、增加就业、
提高收入、优化结构的重要力量。2010 年，服务业实现增加值
3363.4 亿元，居全国第 19 位（比上年前移 1 位）、中部第 5 位，

同比增长 9.1%。占全国和中部六省比重分别为 2.0% 和 11.5%，分别比上年同期提高 0.02 个和 0.1 个百分点。"十一五"全省服务业年均增长 11.7%，快于地区生产总值平均增速 0.5 个百分点，与"十五"时期相比，服务业不仅继续领跑地区生产总值增长，而且领先优势由 0.2 个百分点扩大为 0.5 个百分点。

1. 总量规模不断扩大。"十一五"以来，山西省以转变经济发展方式为战略重点，积极改造提升传统服务业，加大对具有高附加值、高含金量的现代服务业和新兴服务业投入，服务业内部结构不断优化，服务业迈上了服务领域广泛、服务功能齐全、服务质量明显提高的发展轨道。山西省现代服务业总体规模快速扩张，如 2008 年现代服务业实现增加值为 1102 亿元，增长 17.82%，占全省服务业增加值的 54.5%；占全省地区生产总值的 19.34%，成为推动山西省经济发展的重要力量。

2. 行业结构有所优化。近年来，现代服务业快速发展，特别是金融、物流、旅游、文化具有涉及领域广和与其他行业关联性强等特点，在全省经济社会发展中具有重要的带动和示范作用。2010 年，山西省金融业实现增加值 448.3 亿元，占全部服务业增加值的比重为 13.3%，比 2005 年提高 5.5 个百分点；房地产业增加值 192 亿元，增长 5.5%，占全部服务业增加值的比重达到 5.7%，绝对量比 2005 年增加了 85.5 亿元；信息传输、计算机及软件业发展迅速，成为国民经济的先导产业。2010 年，实现增加值 184.8 亿元，同比增长 8.4%，占全部服务业增加值的比重达到 5.5%，比 2005 年提高 0.3 个百分点。文化及相关产业实现增加值 229.2 亿元，比 2005 年增加 123.2 亿元，占地区生产总值的比重为3.1%，比2005年提高0.6个百分点。各种新型业态层出不穷，提升了服务业对国民经济的支撑能力。

3. 发展后劲持续增强。随着经济社会的快速发展以及国民经济结构的调整优化，山西省不断加大对现代服务业的固定资产投入力度，现代服务业投资快速增长。"十一五"的五年间，全省服务业固定资产投资累计达9892.3亿元，比"十五"时期增长2.9倍，占全部投资额的比重达到48.8%，比"十五"时期高6.8个百分点。2009年，现代服务业投资完成1534.1亿元，比上年增长51.0%（比全国平均水平高22.4个百分点），增幅比上年高5.6个百分点，占全省城镇投资总量的比重为33.3%，比上年上升2.5个百分点。2010年，服务业城镇固定资产投资完成额超过100亿元的行业有交通运输、仓储和邮政业1156.8亿元，房地产业944.8亿元，水利环境和公共设施管理业425.9亿元，教育236.9亿元，占全部服务业固定资产投资额的比重分别为37.0%、30.2%、13.6%和7.6%，合计占88.4%。现代服务业投资高速增长，表明山西省经济转型力度明显加大，第三产业发展基础进一步增强。

4. 对经济社会贡献日益增大。一是对经济增长的拉动作用增强。2009年服务业对全省经济增长的贡献比较突出，在全省生产总值5.5%的增幅中有4.0个百分点是由服务业拉动的。二是成为税收增长的源泉。随着现代服务业的快速发展，上缴税收逐年增加。金融业和房地产业税收收入增速分别达到71.3%和64.3%，是最具成长性的纳税主体。三是创造了众多的就业机会，对社会的稳定贡献较大。2009年，现代服务业从业人员占全社会从业人员的16.5%，较上年提高0.5个百分点；其中房地产业从业人员增速达到29.0%，吸纳劳动力空间较大。

尽管近年来服务业发挥的作用日益显现，但由于多种因素的制约，山西省服务业与全国和经济发达地区相比仍较落后，与国际上公认的服务型经济国家（其服务业增加值占GDP的比重达60%以上）相比差距仍然很大，与转型跨越发展的要求不相适应。现代服务业发展明显不足。从内部结构来看，传统意义上的服务业占主要部分，发展水平较低。其中交通运输、仓储邮政业和批发零售、住宿餐饮业增加值分别占第三产业增加值的比重为19.4%、26.7%，两项合计占46.1%。现代服务业中新兴行业较少，具有高知识含量和高附加值的生产性服务业尚未形成规模，信息传输、计算机服务和软件业、租赁和商务服务业、科学研究、技术服务和地质勘查业等服务业发展滞后。新兴服务业的贡献份额总体规模小、比重偏低，对服务业的拉动作用不强。其中金融业、房地产业增加值分别占第三产业增加值的13.3%和5.7%，两项合计占19.0%；其他非营利性服务业实现增加值占第三产业增加值的比重达22.1%。

3.1.3 金融支持现代服务业现状分析

作为现代服务业的重要组成部分，金融是现代经济的核心，经济的可持续发展离不开金融的持续快速发展。

1. 金融对现代服务业的内生支持效应研究

金融业对现代服务业增加值的贡献作用明显。2009年，全省金融业增加值达351.6亿元，是1978年的207倍。金融业对地区生产总值和税收收入的贡献度逐年提高。2006—2009 年，金融业对地区生产总值的贡献度分别达到 3.02%、2.17%、2.45% 和 37.89%。2009 年，全省银行业实现利润 162.91 亿元，利润同比增加 15.49 亿元，同比增长 10.51%。辖内法人证券机构实现营业净收入 18.59 亿元，同比增长 75.57%；实现净利润 8.06 亿元，同比增长 112.71%；异地证券机构实现营业收入 9.35 亿元，同比增长 66.27%。山西省保险业资产总额首次突破 500 亿元，达到 531.12 亿元，比年初增长 22.53%；实现保费收入 289.25 亿元，同比增长 289.25 亿元。

2. 金融对现代服务业的外生支持效应研究

（1）直接融资发展滞后，对现代服务业的支持作用有限

一是资本市场有所发展，对现代服务业的支持作用较弱。山西省资本市场发展相对滞后，上市公司数量少且融资能力弱。截至 2010 年末，山西省上市公司数仅占沪深上市公司总数的 1.5%，再融资有限，拟上市企业数量仍很少，整体素质与上市门槛存在较大差距。上市公司主要集中于煤炭、焦化、电力、冶金等资源性传统行业，现代服务业很少。1/3 的上市公司为煤焦行业企业，高新技术企业仅有 4 家。上市公司地区集中。太原市辖区上市公司数占全省的 50%，朔州市和忻州市上市公司尚为空白。2010 年实现中小板和创业板上市企业零的突破，共有 3 家中小企业上市，但中小企业占比仍偏小。直接融资比例偏低，融资结构有待优化。2010 年山西省直接融资为 505.93 亿元，比上年末增长 43.01%。其中，企业债发行 46.9 亿元，短期融资券发行 114 亿元，中期票据发行 112 亿元，上市公司债券发行 10 亿

元，IPO 融资 34.78 亿元，股票再融资 188.24 亿元。直接融资占人民币贷款新增额的 27.75%。

二是货币市场发展较快，对现代服务业的支持作用尚未显现。截至 2009 年末，全省有 37 家金融机构加入了全国银行间同业拆借市场和债券市场，比上年同期增加 7 家，累计成交金额 10788.1 亿元。2009 年以来，全省企业共发行中、短期票据 256 亿元。但省内现代服务业企业规模有限，主要为中小企业，目前还没有一家通过货币市场募集到资金。

三是民间资本、小额贷款公司等新型金融对现代服务业的支持力度逐步增强。近年来，山西省民间融资和小额贷款公司等民间资本逐步步入正轨，成为现代服务业发展的有力补充。截至 2009 年末，山西省小额贷款公司共有 150 家，比 2007 年增加了近 100 家，注册资本额达 81 亿元，贷款余额达 41 亿元。从贷款利率看，最高利率达 24%，最低利率为 4.4%。目前，山西省的民间融资余额约 2000 亿元。2009 年末，对样本城市的监测显示，受次贷危机及国家产业政策调整影响，民间资本开始从相关行业流出，而教育、旅游等政策扶持型现代服务业逐步成为民间资本的流入热点。如吕梁市辖属的汾阳市已经出现兼具"集资 + 租赁"两大特色的现代服务业民间融资组织，成立了兼互助融资、汽车金融、运输管理、代理保险等多种功能为一体的农村现代服务业合作组织——"汾阳市田屯村天马汽车运输公司"。这种民间融资形式可以较好地解决现代服务业中涉及"三农"领域和中小企业的融资难问题，同时还盘活了民间闲置资金，填补了正规金融服务的空缺，有利于县辖金融资金就地循环，为金融创新和推动现代服务业发展积累了丰富的经验。值得注意的是，民间融资也蕴藏着巨大的社会风险。由于其游离于金融监管体系之外，不能较好贯彻国家宏观调控政策和产业政策，必须在鼓励、支持、引导的同时，加强对其消极作用的限制与管理。

（2）间接融资主要流向传统行业，对现代服务业的支持作用偏弱

银行信贷资金主要流向传统行业，对现代服务业支持作用明显不足。2009 年，山西信贷投放高速增长。12 月末，山西省金融机构本外币各项贷款余额 7915.41 亿元，新增 1873.2 亿元，较年初增长 31%。2009 年新增量是上年同期增量的 2.54 倍。但从贷款投向看，主要投向采矿业、制造业等第二产业和传统服务业，对现代服务业的贷款支持较少。2009 年末，全省第二产业贷款余额为 3686.04 亿元，较 2008 年末增加 366.76 亿元，增长 11.06%；全省传统服务业贷款余额为 1840.72 亿元，较 2008 年末增加 691.72 亿元，增长 57.93%；现代服务业贷款余额 692.29 亿元，较 2008 年末增加 122.29 亿元，增长 21.45%。传统服务业贷款余额占比由 2008 年的 19.76% 提高至 2009 年的 25.02%，现代服务业贷款余额占比由 2008 年的 9.43% 下降至 2009 年的 9.41%（见图 3－6）。

（3）结论

综合以上分析表明，"十一五"以来，山西省金融业取得了长足的发展，资本市场、货币市场发展滞后，民间融资有待规范、引导，发达地区银行信贷对现代服务业支持效用明显，资源

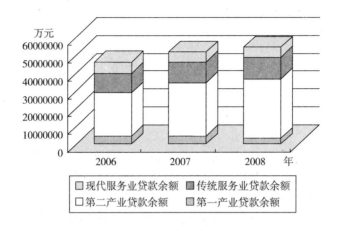

图 3 - 6　山西省信贷支持行业发展变化情况

型和经济发展相对滞后地区银行信贷对现代服务业的支持效应有待加强。

3.2　金融支持现代服务业发展的驱动模式比较研究

在一定金融制度下，借助产业政策和宏观货币政策，金融能调节资金的产业投向、优化产业结构、促进要素投入与要素生产率的提高。金融支持驱动模式包括政府主导型和市场主导型两种。前者主要是通过政策型金融机构或业务来实现，通常利用信贷、利率等金融杠杆，从资金方面积极支持现代服务业；后者则主要是通过商业银行的经营行为和发达的金融市场机制来实现。2009 年，全国金融业创造现价增加值 16816.5 亿元，占现代服务业现价增加值的 18.43%，较上年提高 1.5 个百分点。因此，研究金融支持现代服务业发展的驱动模式具有重要的现实意义。

3.2.1　驱动模式的国际比较

1. 国外现代服务业发展现状

世界产业结构呈现出由"工业型经济"向"服务业经济"转型的总趋势，各国现代服务业产值在其国家整个经济中的比重持续上升。在全球范围内，国际大都市已成为现代服务业的重要集散地，以金融等服务业为主体的产业形态构成了核心产业。

（1）现代服务业逐渐取得主导地位。在经合组织成员中，金融、保险、房地产及物流等现代服务行业的增加值，占其国内生产总值的平均比重均超过了1/3。根据世界银行数据，2007年全球服务业总体规模约33万亿美元。其中：高收入国家为28万亿美元，占85%；中等收入国家约为4.3万亿美元，占13%；低收入国家约为0.66万亿美元，占2%。2007年美国服务业产值为112292亿美元，其中金融、保险、房地产、商务、信息等现代服务业合计比重超过50%，成为服务业的主体。

（2）全球服务业就业人数持续增加。随着经济的发展，服务业成为就业的主要渠道。2007年新加坡服务业从业人员的比重为76%，美国比重高达83.9%，英国和日本比重在2005年也分别达到76.3%和66.4%。从以上分析看出，服务业成为解决就业的主要渠道。

（3）现代服务业空间布局呈现集群化。20世纪80年代以来，现代服务业集群发展的趋势日益明显。世界上已经出现了一批典型的服务业集群，如纽约的曼哈顿式的服务业集群、伦敦金融城模式的服务业集群、东京新宿模式的产业集群等。现代服业集群发展，有利于促进现代服务业的有效供给和需求，加快现代服务业发展步伐，有利于服务业企业的快速成长和发展，增强现代服务业的竞争力。

（4）跨国公司推动现代服务业走向国际化。经济的服务化推动了传统制造业跨国公司向服务业转型。2008 年，全球跨国公司 500 强中，有 271 家从事服务业。跨国公司向服务业的转型，推动了现代服务业走向国际化。据世界贸易组织统计，2007 年，全球服务贸易总额接近 3 万亿美元。

（5）现代服务业结构逐步改善。生产性服务业是现代服务业的核心。生产性服务业与制造业关系紧密，生产性服务业已全面渗透到制造业的流程中。在 OECD 国家中，金融、保险、房地产等生产性服务业的增加值占 GDP 的比重超过了 1/3。现代服务业加速向现代制造业生产的前期研发、设计，中期的融资、咨询、管理和后期的销售、物流、售后服务的各个环节渗透发展。

（6）现代服务业具有创新化的趋势。现代服务业的发展离不开创新：产品和服务的创新，如银行、保险公司等不断创新开发新的金融衍生产品、理财、中介等服务。服务方式和模式的创新，如阿里巴巴公司通过其创新的支付宝手段，短短数年时间，成为行业领军企业。新的服务领域的拓展和创新，如美国苹果公司通过与电信服务商的合作，利用信息增值渠道开发 3G 手机数据业务，2005—2007 年该业务年均增长 112%。

2. 国外金融支持现代服务业发展驱动模式研究

（1）美国：市场主导型金融驱动模式

美国是全球最大的服务经济体，现代服务业已成为美国经济增长的主要动力。2005 年，美国现代服务业中的信息服务业、金融服务业、教育培训业、专业服务业、商务支持产业的总量已经超过 4 万亿美元，占美国经济总量的 32%，接近服务业的一半。2000—2005 年，美国金融服务业增长 21.82%，高于服务业平均增长率。美国现代服务业发展的主要特点：一是生产性服务业已成为目前美国的支柱产业。2005 年美国生产性服务业总量接近 6 万亿美元，占美国经济总量的 48%，在美国服务业总量中所占的比例超过 70%。二是现代服务业新兴领域加速发展。在美国，以信息技术为主的新技术革命浪潮已经由制造业向服务业全面渗透，知识服务业、专业服务业等开始成为发展的热点和新增长点。2000—2005 年美国服务业增加值总体增长 17.3%，而同期信息服务业增加值增长 32.15%，健康服务业增长 20.84%。三是现代服务业向大城市加速集聚。美国纽约等大城市的服务业都占其地区生产总值的 90% 左右。纽约的金融服务业占地区生产总值的比重已由 1990 年的 26% 上升到目前的 40% 左右。纽约金融中心的衍生金融工具成交量、外汇交易量、外国债券发行量分别占全球的 14%、16% 和 34%。

纽约市服务业的快速发展，有效地提高了服务产品的供给能力，从而诱导了曼哈顿金融商务服务业集群的形成。曼哈顿是纽约市的中心区，总面积 57.91 平方公里，占纽约市总面积的 7%，人口 150 万人。目前曼哈顿的经济增长量占纽约市总经济增长量的 82%。

①金融商务群发展模式奠定了市场基础。从 20 世纪 90 年代

开始，纽约金融、保险、房地产业所占地区生产总值的比例大幅度上升，由1990年的26%上升到2000年的37%，上升了11个百分点。银行业和证券服务的发展最为显著，1991年纽约银行业的就业岗位超过65000个，证券、商业经纪和交易业的就业岗位增加到129000个。曼哈顿CBD的金融商务服务业集群就在纽约产业结构大调整的背景下，逐渐形成发展起来。据纽约市1993年统计，各行业在曼哈顿集中的情况是，金融、保险和房地产业（FIBE）占89%以上，商业、服务业将近86%，制造业59%，服装业高达69%。以华尔街为中心的金融贸易集群是大银行、金融机构、贸易公司的云集之地，成为世界上就业密度最高的地区。

②良好的外部环境奠定了市场支撑。金融服务业在曼哈顿聚集发展受多方面因素影响。一方面，曼哈顿的中心地位由来已久，经济集聚是曼哈顿不断向前的动力。曼哈顿一直享有投资家优先考虑的地位，为现代服务业集群创造了良好的外部条件。另一方面，曼哈顿存在大量提供金融服务和消费金融服务的人群。曼哈顿的居民在教育程度和收入水平方面，都远远高于同属纽约市的其他城区，成为金融服务供求的主要客体。此外，曼哈顿的收入水平也保证了金融服务的消费。1980年，曼哈顿的人均收入为10863美元，是同城的布朗克斯（4502美元）和布鲁克林（5779美元）的2倍左右。1993—2000年曼哈顿地区就业人数增加了12.9%，2000年曼哈顿地区就业人数占纽约就业总人数的66.06%。曼哈顿的就业人口又向一些部门集中，以2001年为例，金融保险业就业占17.27%，信息服务业占8.35%，零售业

占 6.76%，房地产租赁业占 3.95%，教育服务业占 4%，专业技术服务业占 14.37%，等等。就业人口向金融服务业及相关产业集中，反过来又推动着金融服务业不断发展，从而吸引了更多的金融服务消费企业在曼哈顿集聚。

③政府的积极规划和适时调控起着关键性的补充作用。现代服务业产业集群的发展需要构建外在形态，形成有效载体，城市政府的作用就在于规划和引导产业集群的发展，为企业主体营造良好的环境。在曼哈顿金融服务业集群的发展过程中，纽约市政府进行了积极规划和有力调控。比如，为了解决曼哈顿 CBD 因产业不平衡而产生的矛盾，纽约市政府对格林威治街和第五大街采取了一些调控手段，改善投资环境，引导其平衡健康发展，加强纽约商务贸易中心功能，增强吸引力。随后，政府又颁布了曼哈顿南部规划，在岛南端建成了宽阔的环型高速公路、世界贸易中心、1.5 万套公寓及办公楼。到 20 世纪 70 年代中期，改造后的曼哈顿 CBD 焕发出勃勃生机，这为金融商务服务业集群发展创造了适宜的环境。

（2）日本：政府主导型金融驱动模式——东京新宿

东京市中心传统上由千代田区、中央区和港区这三个区构成。千代田的丸之内是东京 IFC 的主体，国际金融机构高度集中，用地达到饱和状态，办公面积达 1700 平方米，占三区总量的 60% 左右。东京中央商务区的发展模式采用了老中心区与多个新中心区分层次并进策略，来适应快速城市化的发展需求。中央商务区除丸之内金融区、新宿商务办公型副中心区和临海商务信息区三个梯次外延的层次外，还在东京大都市圈和东京湾开发区域整体规划中，进一步把东京市外的幕张副中心和横滨纳入了MM21规划。由此可见，东京的商务区便形成网络结构，现代服务业集群也就具有了网络化的发展模式。

①城市发展模式为东京现代服务业集群发展提供了广阔的空间。东京城市中心区形成了市中心区膨胀化发展和外围地区多点截留双元战略。在历次规划上，东京一直坚持在大都市范围分散城市职能的策略。但在实施战略上，由于担心严格限制中心区的发展"会妨碍东京固有的活力，有可能失去市中心的永久性"，因而主要采用引导策略，而非实行严格的限制措施。因此，虽然副中心区的发展有效，但市中心区仍显示出商务功能发展的强大吸引力。城市的不同发展模式影响了现代服务业集群的发展方向。东京的每个区并不是在城市的每个功能上都居于主导地位，它们的主导地位分别集中于某些行业，即金融、信息相关产业和专业服务产业，这些服务行业已经成为东京大都市区城市功能转型和集群的重要特征，从而使东京的现代服务业集群呈现多样化、多层次、网络化的结构特征。

②产品研发和技术创新是生产服务业集群发展的主要特色。与纽约不同的是，东京在第三产业迅速发展的同时，仍是日本工业最发达的城市之一。在20世纪80年代以前，东京一直是日本最大的工业中心，此后因工业外迁，其工业地位有所下降，但仍是日本重要的工业城市。在工业转移的背景下，东京出现了一批创新型的中小企业，从而保持了东京主导工业的发展态势。例如，以大田区为中心的产业综合体是重要的技术创新核心区。工业的这一转变改变了原有工业产业内涵，更多地表现为向生产服

务业延伸，出现与工业有关的研发和技术创新。随着日本经济从"贸易立国"逐步向"技术立国"转换，东京"城市型"工业结构进一步调整，以新产品的试制开发、研究为重点，重点发展知识密集型的"高精尖新"工业，并将"批量生产型工厂"改造成为"新产品研究开发型工厂"，使工业逐步向服务业延伸，实现产业融合。

③政府政策支持和专业人才优势是金融服务业集群发展的重要支撑。政府为东京的城市发展制定了框架，将东京定位于全球金融和商务中心，并将东京及其附近地区改造成以知识和信息为基础的产品基地（Kitagawa，1989），东京湾地区由原来的出口导向产业带改造成一个商贸中心。政府还通过政策来支持东京服务和基础设施建设，从而推动东京商务功能的发展。政府从政策上强调核心区商业功能聚集的重要性，提倡功能混合，并采取具体的措施来扶持东京商务功能的发展。此外，政府的政策信息源作用和拥有的审批权，也促进了各种政府办公功能和大公司总部集中于东京。东京良好的信息技术基础设施为金融、银行、保险、物流、知识密集型制造业的发展提供了重要条件，从而促进了服务业集群的迅速发展。同时，东京集中了日本17%的高等院校、短期大学和27%的大学生，东京还拥有占全国1/3的研究和文化机构，其中大部分是国家级的。而且，东京吸引着大量的科研机构在此聚集，尤其是那些与首都活动和产品研发关系密切的科学、工程研究部门。在东京，受过高等教育的人占总人数的34.27%。这些人才储备，为东京现代服务业集群发展提供了充裕的智力支持和人才保障。

3.2.2 驱动模式的国内比较

1. 我国现代服务业发展现状

改革开放以来，我国现代服务业获得高速发展，现代服务业发展规模不断扩大，水平逐步提高。2008 年，我国现代服务业增加值为 74171.7 亿元，占 GDP 的 24.67%，比重较 2000 年提高了 2.24 个百分点。现代服务业年均增长速度超过 10%，超过同期经济增长速度。2008 年，现代服务业占服务业的比重为 61.6%，较 2000 年提高了 4.1 个百分点；其中金融业增加值占服务业比重为 14%，较 2000 年提高了 3.4 个百分点。服务业就业人数从 2000 年的 19823 万人猛增至 2008 年的 25717 万人，新吸纳就业人数 5894 万人。全国银行业金融机构共计 20 余万家，从业人员为 260 万人，资产总额达 37 万亿元。一些东部沿海经济发达地区，现代服务业正逐步成为城市的主导产业。但与世界水平相比，我国服务业发展的总体水平仍存在差距。

2. 国内金融支持现代服务业发展驱动模式研究

（1）天津滨海新区：市场主导型金融驱动模式

近年来，天津滨海新区现代服务业发展迅速，本书以天津滨海新区为代表来研究东部地区金融支持现代服务业的驱动模式。

①现代服务业的高速发展为金融支持奠定了市场基础。滨海新区的高附加值工业带动了现代服务业的发展，现代服务业的发展又为金融发展和支持提供了广阔的市场，现代服务业发展基础日趋完善。新区商业设施得到长足发展，形成了以塘沽地区为轴心，各区商业繁华地区为骨干的商业布局，塘沽解放路商业一条

街成为天津市三大商业中心之一，新洋市场、华北陶瓷批发市场成为京津冀地区有一定影响的专业市场。天津保税区是我国北方最大的保税区，具有国际贸易、现代物流、出口加工和商品展销四大功能。新区 12 年基础设施累计投资 880 亿元，建设了 475 个重点工程，竣工 443 项。形成了内、中、外三环，六横六纵的道路骨架，电厂装机容量达到 274 万千瓦。滨海新区日渐成为航运企业聚集、配套服务完善的国际贸易与航运服务区。

城市化水平、收入水平不断提高。随着经济水平的提高，城市化进程与其服务经济发展呈现高度的正相关性。随着城市的扩张和整个社会生产流通容量的加大，市场交换频率的加快必然促使企业对城市的现代服务业提出新的要求。而随着城市居民的增加及其生活水平的提高，对消费性服务业的需求加大了，对消费性服务业提出了新的更高的要求。目前我国人均 GDP 已超过 3000 美元，而天津市人均地区生产总值已达到 6000 美元。天津滨海新区人均地区生产总值已突破 1 万美元，达到甚至超过中等发达国家的水平。2007 年，新区商贸服务业增加值为 218.68 亿元；亿元商品交易市场总数超过 15 个，交易场所总面积达 37.8 万平方米，年交易总额达 175.64 亿元。全区多层次的商业空间基本形成。商贸业的发展带动整个滨海新区的经济繁荣，成为其现代服务业发展的主导。

现代物流业高速发展。物流业是现代经济中比较活跃的增长因素。保税区充分发挥国际贸易、保税仓库和物流分拨功能，国际物流迅猛发展，美国普洛斯、丹麦马士基、瑞士名门、香港东方海外、捷成洋行、新加坡丰树等国际知名物流企业建立区域性物流中心，不断提高物流运作层次和水平。特别是保税物流园区功能进一步拓展，在全国率先开展转口贸易和拆并箱业务。佛罗伦集装箱租赁、海航直线航空、美国 NEW 质量保证服务等新型业态，完善了物流功能。2007 年物流业实现增加值 112 亿元，比 1998 年增长 8.6 倍。物流业的快速发展，大大提升了新区对外辐射和带动作用。

房地产业快速发展。新区成立之初，房地产业尚处于起步阶段，1994 年开发竣工面积为 20.18 万平方米，而且主要是普通住宅。1998 年开始进入快速发展期，年开发竣工面积达到 59.63 万平方米，开发品种由普通住宅扩至别墅、办公楼、商业用房等。2007 年开发竣工面积达到 603.42 万平方米，比 1994 年增长 29 倍。房地产开发已成为推动新区经济发展的重要产业，实现的增加值占新区服务业比重由初期不足 2.0% 上升到 7.3%。

高端服务业加速聚集。随着综合配套改革积极推进，高端服务企业纷纷落户滨海新区，通标技术服务、欧力士、哈里伯顿、富士通天研发、药明康德、软通动力外包基地、大连华信软件园、卡巴斯基和联盟计算机等近 70 家服务外包和科技研发企业快速发展。天津滨海新区正在建设以科技园区为聚集地的科技服务业，积极引入国内外企业研发机构，围绕经济和社会发展，建设现代物流、社会信用体系、科技服务、社区服务等一批专业化信息平台，为居民提供个性化、多样化的信息服务。由于技术进步的作用，天津滨海新区服务业整体不断产生新的业态和变化，更进一步提高了现代服务业在新区经济整体和谐发展中的地位。

②政府的各项政策成为金融支持的有力保障。近年来，天津

市陆续制定了《关于加快发展现代服务业的决定》、《天津市加快发展现代服务业实施纲要》和《天津市现代服务业布局规划》，对天津市域 11917.3 平方公里的现代服务业发展布局作出具体规划。《天津市现代服务业布局规划》明确金融、现代物流、商贸流通、文化及创意等八大产业为现代服务业重点发展对象，力争在 2020 年以前全方位构建现代服务业体系。规划形成"两心、五区、一后台"的金融业布局结构：两个金融中心区为中心城区 CBD 和于家堡金融商务区，五个金融集聚区为友谊路金融服务区、开发区金融服务区、东疆保税港金融服务区、中新生态城金融服务区和空港金融服务区，一个后台基地为滨海高新区后台营运基地。滨海新区成为天津现代服务业发展的重点。

在此背景下，《天津滨海新区综合配套改革试验金融创新专项方案》获批，下一步滨海新区将紧紧抓住发展现代服务业的机遇期，乘势而上，通过综合配套改革完善现代服务业体系，在金融、科技、公共服务等服务业重点领域率先示范；以扩大开放加速要素整合，充分利用国际、国内两个市场和两种资源，积极承接和推动现代服务业转移，探索涉外服务业发展新模式；以市场为基础配置资源，充分发挥企业的市场主体作用，有效发挥政府对服务业的引导、服务、调控和依法监管职能。

③金融支持现代服务业加快发展。金融服务业保持高速增长，有力地支持了现代服务业发展。天津市各银行保险机构的资源配置按照市场导向已逐渐向新区倾斜，呈现出机构、资金、人力加速向新区转移的趋势，金融基础在不断巩固和提高。目前全国各主要银行保险机构均在新区设立了分支机构，已形成了类型

比较齐全的银行保险机构体系。摩托罗拉财务公司、渣打银行科技信息营运中心、花旗银行、瑞惠实业银行、三井住友银行、长江租赁公司、光大银行综合运营中心、工商银行金融租赁公司和国际结算中心、民生银行投资银行部和贸易金融部、建设银行全国第二呼叫中心等金融机构聚集新区。目前，新区有分支行以上银行机构92家，私募股权基金68只。人民币存、贷款余额分别增长50%和58.1%，工银租赁、长江租赁等新型金融业态发展迅速，营业收入成倍增长。

在金融支持作用下，滨海新区现代服务业明显加快，产业规模和质量得到全面提升。到"十二五"末，滨海新区现代服务业将形成金融业、科技与信息服务业、现代物流业、商贸服务业和旅游业五大优势产业，将实现生产性与消费性服务业协调发展，金融、科技、物流等生产性服务业比重约占55%，商业、旅游、文化、房地产等消费性服务业比重约占45%。产业结构质量不断优化，高端服务业比重超过30%。

（2）河南①：混合型驱动模式

①现代服务业发展初具规模，为金融支持提供了一定的市场基础。河南省服务业增加值占地区生产总值的比重低，发展滞后于地区生产总值增长。2009年，河南省地区生产总值总量稳居全国第5位，为19367.28亿元，占全国的5.78%。但该年，河南的服务业增加值为5629.66亿元，居全国第9位，与经济总量排位相差4个位次。从服务业内部结构看，河南传统服务业所占

---

① 在全国31个省市现代服务业竞争力评价排名中，北京、上海、江苏、浙江和广东5个省市，现代服务业发展指数在70以上，河南省居全国第17位。

的比重较高，而现代服务业的比重偏低。2007 年，河南传统服务业增加值为 2125.89 亿元，传统服务业增加值总量占服务业增加值总量的比重为 47.1%。而相对应地，全省现代服务业比重偏低，其中金融业比重为 6.7%，房地产业比重为 9.9%。现代服务业就业劳动力比重过低。2007 年，河南服务业就业劳动力占总就业劳动力的23.7%，仅仅只高于云南0.1 个百分点，低于全国平均水平近9 个百分点。

现代服务业市场化程度低。河南现代服务业的进展缓慢，市场化程度低，行业垄断多，市场开放程度较低，竞争不够充分，生产效率低下，市场秩序仍有待规范，加上受服务业人才职业化机制不畅的制约，从业人员素质参差不齐，服务成本昂贵，这些都导致了全省现代服务业的竞争力较弱。目前全省经济中存在进入管制和垄断的行业主要集中在金融、电信、铁路运输、教育、卫生、文化、信息媒体等行业。这些行业中非国有经济的比重都很低，有效竞争不足，抑制了服务业的发展。

居民收入水平偏低。2009 年，河南城镇居民人均可支配收入为 14372 元，低于全国均值2803 元；农民人均纯收入4807.5元，低于全国均值346 元。居民的收入水平低，导致居民对现代服务业的消费需求薄弱，必然制约现代服务业的快速发展。城市化水平低。城市是现代服务业发展的载体，现代服务业的规模与结构取决于城市化的水平和城市化的规模结构。河南省 2008 年城市化率为 36.02%，比全国平均水平 45.68% 低 9.66 个百分点；人口近 1 亿人，农村人口有6032 万人，比重仍在 60% 以上。在城市化进程中，缺乏带动辐射力强的特大中心城市，只有郑州和洛阳人口超过百万人，但其人口规模和地区生产总值规模占全省的比重都明显偏低，制约着现代服务业的发展。

②政策扶持力度不大，为金融支持提供的市场不足。河南省现代服务业发展缺乏统一规划，管理水平和管理方式有待改进，现代物流企业发展存在着各自为战的局面，因规模小而影响效率，且存在资源浪费情况。河南省现代服务企业还没有建立现代管理信息系统，省政府部门的信息量有待充实。河南省现代服务业发展明显滞后于上海、广东、北京、江苏、浙江、山东等东部地区。

为引导社会资金加大对服务业的投入，促进服务业发展，省委、省政府决定从2008年起，开始设立服务业发展引导资金。从2008年至2012年，河南省财政将每年安排1亿元引导资金，专项用于支持河南省服务业发展。每年1亿元的服务业发展引导资金，将主要对服务业重点建设项目进行投资补助和贴息，重点支持现代、新兴服务业做大做强，改造提升传统服务业，开拓服务业发展领域。此笔资金主要支持的范围包括：现代物流、文化、旅游、商务服务、信息服务等重点行业的项目建设；省服务业重点企业的改造及项目建设；省服务业重大标志性项目建设；服务业园区、中心城市特色服务业街区公共服务平台建设；著名品牌、非物质文化遗产保护和产业开发；社区服务、养老服务、农村服务等薄弱环节发展。但与其他地区的扶持政策相比，力度不大。

③金融支持的后劲需继续拓宽。金融保险业在河南经济中具有十分突出的地位，是现代服务业的重要支柱行业。随着金融保

险业的国外资本逐步渗入，国有银行开始在境外挂牌上市进行股票运作，区域性商业银行实现资本多样化，保险业向民营资本开放，证券市场活跃。河南的金融保险业面对全球化带来的机遇和挑战，一要敢于进行制度创新和产品创新，积极应对金融保险业的市场化和国际化，不断拓宽服务领域，提高资本配置效率和服务水平，吸纳更多的金融机构落户河南开展业务；二要深化城市商业银行、农村信用合作社等地方金融机构的改革，加强管理，化解不良资产，改善资产质量，整合资源，提升综合竞争力，争取早日走出本省，不断扩大辐射能力，支持地方经济发展；三要进一步优化资金市场配置，完善金融保险市场体系，在货币市场、外汇市场、证券市场、保险市场、黄金市场、期货市场等方面要有新的发展和突破；四要继续为金融保险业提供软环境保护和技术支持，保持和扩大金融服务手段领先地位，保证金融行业安全运行。

（3）海南省：政府主导型金融驱动模式

2000—2009 年海南现代服务业的增加值平稳增长，占经济结构的比例总体在 16% 左右。相对于传统的生活服务业（如交通运输邮政业、批发零售业），海南的生产服务业（如金融、地产服务业）在经历 20 世纪 90 年代的"房地产泡沫"之后开始恢复性增长，特别是 2003 年后房地产业发展较快，成为现代服务业发展的重要结构因素。

①现代服务业发展薄弱，金融支持缺乏市场。产业基础比较薄弱。国内外现代服务业发展的经验表明，工业是现代服务业发展的重要依托。而海南一直以来以农业为主，工业化程度低，难

以为服务业的发展提供充分的物质技术条件。服务业基础薄弱，旅游、文化、教育、信息和科学研究等现代服务业规模不足，服务功能还不够完善，市场化程度低。比如，海南于1997年就提出发展信息产业，但2007年才开建第一个软件园。

岛内居民消费需求不足。2009年城镇家庭平均每人可支配收入13750.9元，农村居民家庭人均纯收入4744.4元，均低于全国平均水平。海南居民收入水平在全国处于下游，城镇家庭恩格尔系数为44.7%，农村家庭恩格尔系数为53.1%，严重限制了本土居民的文化休闲、医疗等消费需求，也从根本上制约了相关现代服务业的发展。海南教育水平在全国相对较低，本土人才相对匮乏，智力支持系统的落后进一步限制了现代服务业的发展。

现代服务业区域分布不均衡。在服务业增加值方面，2008年海口市占全省服务业增加值的51.49%，三亚市占11.66%，这两个市的服务业增加值占海南省总增加值的63.15%。这表明海南服务业区域分布严重不均衡，主要集中在经济较发达的市县。

②国家政策主导，弥补现代服务业市场薄弱环节。国家启动建设国际旅游岛的中国最大经济特区海南，决定深度对外开放包括物流、金融保险、旅游、教育、医疗、文化、体育、房地产等在内的现代服务业。2010年1月4日公布的《国务院关于推进海南国际旅游岛建设发展的若干意见》表示，建设国际旅游岛，是国家的重大战略部署。国务院将在投融资政策、财税政策、土地政策、开放政策等方面，给予海南省特殊扶持，推动海南旅游

业及相关现代服务业在改革开放方面走在全国前列。

根据该意见，在物流及商品零售业方面，海南将依托洋浦保税港区和海口综合保税区，大力发展航运、中转等业务，促进国际物流和保税物流加快发展，实施国际航运相关业务支持政策，完善现代物流业发展的配套支持政策，打造面向东南亚、背靠华南腹地的航运枢纽、物流中心和出口加工基地，并在洋浦保税港区实施启运港退税政策。海南还将积极发展大型购物商场、专业商品市场、品牌折扣店和特色商业街区，建设和经营好免税店，完善旅游城镇和休闲度假区的商业配套设施，逐步将海南建设成为国际购物中心。同时，为加快海南发展金融保险业，国家批准在海南开展跨境贸易人民币结算试点和居民个人本外币兑换特许业务、离岸金融业务试点。

目前，海南已拥有旅行社 191 家、星级饭店 259 家、各类旅游景区和参观点 70 多家，与旅游业直接相关的从业人员超过 16 万人，具备年 3000 万人次的接待能力。海南旅游收入已占全省地区生产总值的 13.1%，大大高于全国平均水平。日本最大的出境旅游公司三贤株式会社（HIS）已落户海南，德国途易（TUI）集团、英国任我行（Mytravel）集团等一批国际著名旅游企业，已开始与海南旅游企业进行合作。此外，希尔顿、喜来登、万豪等 13 家国际品牌酒店管理公司进入海南，提升了海南的酒店管理水平。到 2020 年，海南省第三产业的增加值要达到地区生产总值的 60%，第三产业将吸纳 60% 的就业人数。

③金融支持现代服务业发展将进入加速期。金融支持将解决推进海南国际旅游岛建设发展的资金来源问题。海南国际旅游岛

建设需要的投资量是巨大的，仅基础设施的投资量就非常大，国际旅游岛建设给金融服务业带来了机遇。国际旅游岛建设形成的金融融合，有利于促进金融体系的建设。金融是现代经济的核心，金融体系必须与经济的现代化发展程度相适应。国际旅游岛建设将催生新的金融效应，要求本地金融与全球金融不断融合，在这一过程中，对金融体系将提出新的要求。因此，必须促进金融体系建设，推进金融体系的改革，形成高效、成熟、有影响力的多层次金融市场体系，从而发挥市场对资源配置的基础性作用，推进金融机构组织制度和经营机制转变，更好地实现金融为经济服务。

国际旅游岛建设形成的产业集群，有利于促进金融业壮大核心客户群。国际旅游岛具有国际性和开放性，对海南改革开放和经济社会发展必将产生深远影响。随着国际旅游岛的建设，海南基础设施、旅游、房地产、高科技产业等将会产生联动效应，实现新一轮的发展，并将形成产业集群，进而带动配套项目的建设，以及上游和下游产业的发展，使配套行业形成产业链条，使第一、第二、第三产业得到联动发展。产业集群形成和产业联动发展都将为金融业发展提供广阔的市场空间，有利于金融业不断壮大客户群，进一步优化金融业的客户结构，不断优化和提升金融业的客户层次。

国际旅游岛建设形成的资金效应，有利于促进资金洼地的形成。按照资金的趋利性，海南国际旅游岛建设所带动的核心项目及相关产业项目将成为资金的聚集地，随着资金的归集，有利于促进资金洼地的形成，强大的资金流将有利于海南金融业增强资金实力，促进金融业的强势发展。

国际旅游岛建设形成的服务需求，有利于促进金融业的服务创新。海南国际旅游岛建设带来的巨额投资，为金融机构提供服务带来了新的发展机遇。为国际旅游岛建设项目及相关产业项目建设提供融资服务，将进一步促进金融业的竞争，通过竞争，推进金融业业务创新，通过创新，不断增强金融业的市场竞争能力。同时，随着国际旅游岛建设的全面推进，海南区域竞争力将进一步提升。可以预见，未来的海南对国内外各行各业的投资者会产生很强的吸引力。对外开放力度加大和外向型经济发展水平的提高，对金融业改善金融服务提出了更高的要求，金融业必须加大金融创新力度，才能适应发展的要求，才能提升市场竞争力。

3.2.3 对国内外驱动模式的若干思考

国内外金融支持现代服务业驱动模式的分析研究表明，一国或地区专业人才集聚和金融创新是现代服务业集群发展的不竭动力和重要支撑，一是现代服务业集群发展的内在增长引擎源于金融主要产业的发展和成长，而组织结构的转型是主要产业崛起的前提；二是有效的政策平台和规划指导能积极引领现代服务业集群的快速成长。

1. 通过对纽约、东京两个国际大都市中央商务区金融支持现代服务业发展的考察可知，金融集群化是国际大都市现代服务业发展的大趋势，是支撑国际大都市发展和创新的核心因素。两个地区金融支持的途径和机制均不相同。纽约的金融支持现代服务业驱动模式基本上可归属于自发型，而东京现代服务业驱动模式则可归属于引导培育型。这是由城市基本经济制度和政府作用所决定的。纽约是典型的具有欧美自由主义风格的金融中心，市场机制成熟且相当充分。而东京中央商务区是在第二次世界大战以后才崛起的，制造业的衰退、现代服务业的发展主要在 20 世纪 60 ~ 70 年代，政府作用对东京产业发展起着非常重要的导向作用，它的现代服务业发展带有非常明显的政府烙印。

2. 通过对我国天津滨海新区、河南省和海南省金融支持现代服务业驱动模式的比较研究发现，当现代服务业自发发展到一定程度时，政府的适时引导将在一定程度上刺激其快速发展，比如天津滨海新区，属于市场主导型金融驱动模式；当现代服务业有一定发展基础，而政府政策扶持力度不大时，金融支持现代服务业的效果将受到影响，比如河南省，属于混合型金融驱动模式；当现代服务业有一定发展基础，而政府政策扶持力度相当明显时，金融支持现代服务业的效果将逐步显现，比如海南省的国际旅游岛规划，属于政府主导型驱动模式。

总之，通过比较借鉴国内外的驱动模式，发现金融支持现代服务业发展高度依赖于一个国家或地区的经济基础、社会结构、产业网络、人才集聚等基础条件，更重要的是对外部知识、创新工作、信息交流等要素市场依赖性更大。这就需要以全球化的眼光、超前的思维，积极规划和适时调控产业集群的发展战略。

4 区域现代服务业发展的金融供求分析与思考

众所周知，需求导向是市场经济的基本法则，供给能力是竞争力的具体体现。区域产业发展水平，如现代服务业的发展水平，是由其需求水平、供给水平，以及二者间共同达到的均衡水平决定的。长期以来，由我们的经济体制和发展阶段所决定，生产能力意义上的短期供给受到较高重视，由技术创新和人力资本决定的长期供给，需求导向和转化潜在需求为现实需求的能力，没有得到足够的重视。金融业是现代服务业的核心行业，其既消耗其他产业的产品和服务，又向其他关联产业提供支持和服务；既内生于现代服务业，又对现代服务业发挥外生变量的推进作用。金融体系和金融市场的不断发展为现代服务业内部各行业间提供经济资源转移的途径，为现代服务业发展提高风险补偿和金融资源支持，有利于促进区域产业合理布局和区域现代服务业综合竞争力的全面提高。现代服务业在融资方面出现了显著的金融缺口，而且该缺口的存在是一个特殊的形成机理，不能用帕特里克的"需求追随"或"供给领先"来解释（回力等，2004），金融业可以为日益发展的现代服务业提供充分的资金支持，因此，发展现代服务业，必须坚持需求导向和供给能力并举。要特别重视培育形成现代服务业的需求导向能力和金融业的长期供给能力，以市场的需求导向做大产出规模，为供给能力提供现实基础；以创新的供给能力转化潜在需求，为市场延伸创造条件。

4.1　现代服务业发展的金融供需分析

4.1.1　现代服务业发展的金融需求分析

产品需求有着较高的确定性，大多表现为现实需求；而服务需求，尤其是新兴的或高端的服务需求，大多是潜在需求。服务的潜在需求，要通过创业、创新活动的"试错"，才能被转化为现实需求，当有了满足盈利模式的规模，方可持续供给。现代服务业由于其行业范围广、机构数量多，以及具有现代与传统的交融性、要素的智力密集性、产出的高增值性、供给的多层次性和服务的强辐射性等特点，因此在发展过程中会表现出不同层次和程度的金融需求。同时，随着产业的发展和结构调整，尤其是信息技术的快速发展和专业化分工的进一步细化，企业的金融需求除了资金方面的支持外，也越来越需要金融中介提供更完善、更便捷的金融中间业务服务。为了更好地了解现代服务业发展的供需情况，通过发放调查问卷、召开座谈会、实地走访重点企业等方式开展抽样调查。调查范围覆盖山西省11个地市，抽取180家服务业企事业单位作为样本，包括67家国有及国有控股单位，70家有限责任公司，18家私营企业，2家港澳台投资企业，

23 家事业单位。共涉及大型企业 43 家，中型企业 53 家，小型企业 84 家。通过调查了解发现，现代服务业金融需求主要有以下几种。

1. 创业性需求。需求的特点是投资额相对较小，投资不确定性较高、风险高、收益大。新兴产业作为推动产业结构演进的新生力量，正处于产业生命周期的形成阶段，具有良好的成长性和较高的创新性，但由于事业处于早创阶段和扩张阶段，难以从传统的银行信贷渠道获得资金，因此需要融资支持，如贷款担保、贴息贷款等。此外，新兴产业尤其是中小企业和民营企业往往需要大量的技术开发资金，具有投入的高风险性，通常需要一定的金融支持，包括优惠贷款、股票市场和债券市场直接融资、风险投资基金和创业投资基金的支持等。

2. 开发性需求。一方面，现代服务业中的非优势产业在退出后进行转产、投资新项目或进入新行业时，其所需的投资、技术开发和人员培训等资金仅依靠自身力量难以实现，需要一定程度的金融支持。另一方面，通过产品更新换代、技术改造升级、产业重组和市场整合等方式进行产业转移时，在技术和资本上的投入也是非常巨大的，完全依靠自身可能难以解决，需要金融方面的资金援助。这类需求具有资金需求大，运转周期长，见效慢，投资风险较大的特点，传统的银行信贷难以完全满足这类资金需求。

3. 流动性需求。流动性需求是现代服务企业最基本的资金需求之一，现代服务业中的部分优势产业流动资产占比较大、资金周转速度相对较快，因而其金融需求必然表现出融资需求急、运转速度快、融资效率要求高等特点。这就需要不断获得新的资金用于补充流动资金，单靠银行信贷，不仅财务成本高，而且资金的可获得性易受到宏观调控的影响，不够稳定。一些大型批发零售企业，如仓储超市表示非常需要贷款。贷款用途是开办分公司、便利店、开展配送服务等，该类企业的固定资产建设一般都使用自有资金，主要资金需求是流动资金贷款，满足周转。某超市积极响应国家的"农超对接"项目，而对农民需要现付，因此非常需要流动资金贷款，但是认为贷款利率太高，导致企业利润微薄。据抽样调查发现，现代服务业贷款中有 65.1% 的贷款为短期贷款。从企业已经获得贷款的期限来看，65.08% 的贷款属于 1 年以内的短期流动资金贷款，28.57% 的贷款为 1~3 年的中期贷款，3 年以上的贷款比率仅为 6.34%。这说明服务行业所需的贷款大部分上都是短期的流动资金贷款。

4. 发展性需求。需求主体主要是经过创业阶段后，具有一定规模，进入加速发展扩张阶段的企业。该类资金需求数额大，传统信贷同样难以完全有效满足。现代服务业的支柱行业，是适应于一定阶段产业结构升级转换的根本要求而发展起来的成长型产业，具有高增长、高带动和高扩散的特征，如金融业、房地产业等。其金融需求包括：优先贷款和优惠贷款，专业投资银行投资，多种形式的支柱产业发展基金，外资、发债和上市融资等。

5. 外在需求。部分现代服务业产业消费信贷需求较大，因此促进这些产业的持续健康快速发展需要消费信贷支持，如发展住房和汽车贷款、助学贷款等。

4.1.2 现代服务业发展的金融供给分析

就未来现代服务业供给规模和能力的提高而言，通过深化改革，破除体制性、政策性障碍是最为紧要的任务。要坚持以改革促发展，以改革解难题，以改革建制度。推进企业改革和改组，特别要加快政府职能转变和管理创新，为经济和社会发展营造良好环境。金融是现代经济的核心，现代服务业要可持续发展离不开金融的快速发展，作为现代服务业的重要组成部分，山西的金融业持续快速增长。2010 年全省金融实现增加值 448.3 亿元，占全部服务业增加值的比重为 13.3%，比 2005 年提高 5.5 个百分点，经过培育和发展，全省已形成了以政策性银行、国有控股商业银行、股份制银行为主体，证券、保险以及非银行金融机构为补充，功能齐全的现代化金融体系。

1. 银行信贷市场间接融资规模庞大且增长较快。"十一五"以来，山西省间接金融取得长足发展。2010 年底，金融机构本外币存款余额为 18639.8 亿元，是 2005 年的 1.6 倍；本外币各项贷款余额为 9728.7 亿元，是 2005 年的 1.3 倍。

2. 金融融资渠道多样化，但仍以信贷资金为主。据问卷调查发现，当前山西省企业融资渠道走向多样化，企业融资既有间接融资方式，也有直接融资方式。除了银行贷款外，还有票据融资、村镇银行贷款、小额贷款公司贷款、租赁机构融资、信托机构融资、典当行融资、股票融资、企业职工自筹入股、吸引外商投资、引入风险投资基金、财政拨款、民间借贷等方式，但企业融资仍以信贷资金为主（见图 4-1）。调查数据显示，49.6% 的服务企业选择金融机构贷款；有4.5%的企业选择票据融资，很多企业并不了解什么是票据融资；有12.5%的企业选择职工自筹入股方式融资；有11.6%的企业选择民间借贷；有21.9%的企业选择其他方式融资。

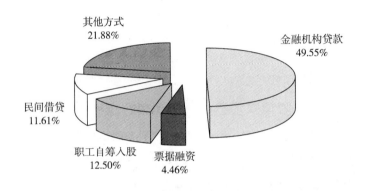

图4-1 山西省企业融资来源

3. 商业银行对现代服务业的贷款积极性不高，现代服务业获得信贷支持的难度较大。现代服务行业发展的特点，决定了其资金需求以短期流动资金为主。商业银行出于短期贷款手续烦琐、交易频繁、单笔业务资金管理成本较高、利润率相对较低等多种因素考虑，往往倾向于多投放中长期贷款，对短期信贷产品研发、投入不足。目前商业银行评级授信标准总体上是参照大型企业客户财务管理体系设计的，大部分现代服务企业由于资产规模较小，财务状况较弱，很难达到评级授信条件。另外，由于其所经营的标的物是服务，而服务本身不能成为有效的担保形式，从而也在一定程度上制约了现代服务企业的融资需求。如太原某酒家现在正在积极响应"主食加工配送中心"政策，建立早餐便民工程及主食快餐配送工程，非常需要贷款。该公司属于国有相对控股企业，50%国有控股，50%外资控股。根据规定该行业企业不能够直接向银行贷款，需要通过担保公司办理贷款，而担保公司一般针对中小企业贷款，对该类型企业没有操作先例。这样的两难造成了时间和精力上耗费很大，企业依旧没有得到所需资金。还有的企业向银行提出贷款申请，由于抵押问题无法解决，最终使用了民间借贷方式。

4. 现代服务业信贷资金期限短、利率高。问卷调查显示，从企业已经获得贷款的期限来看，65.08%的贷款属于1年以内的短期流动资金贷款，28.57%的贷款为1~3年的中期贷款，3年以上的贷款比率仅为6.34%。这说明服务行业所需的贷款大部分都是短期的流动资金贷款。从企业获得贷款的利率来看，与基准利率持平的贷款占比为36%，较基准利率上浮的贷款占比为39%，而较基准利率下浮的贷款占比为25%，占到了一定比例（见图4-2）。可见，在国家实行扩大内需政策后，山西省很多银行对政策采取了响应的态度，放低了利率要求，某企业2008年贷款利率在基准利率的基础上上浮了20%，2009年仅上浮5%左右。

5. 民间融资规模不断扩大，对现代服务业发展的支持效应逐步显现。近年来，全国民间融资需求猛增、规模连年翻番、参与面不断扩大、利率水平不断攀高，成为地方经济发展的重要资金来源。目前山西省民间有着很大的资金供给资源，已经成为中小型企业资金来源的重要渠道，很多企业贷不到款，首先想到的就是民间借贷。调查发现，当前选择通过民间融资的企业占比为10.27%，其中，大型、中型和小型企业采用民间融资的比率分

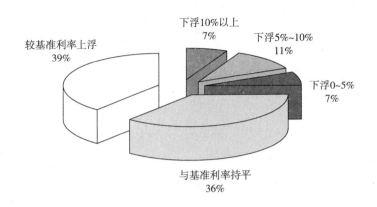

图 4 - 2　2009 年贷款利率较基准利率浮动程度

别为 2.22%、7.14% 和 17.02%。这是由于中小型企业获得银行贷款的可能性比较小，很多企业只好选择民间借贷方式。由于民间借贷利率较高，大多数企业都是为了临时周转。企业表示，民间借贷利率通常在基准利率的基础上上浮 15% 以上，成本很高，难以承受，但是由于资金需求旺盛，只好采取这种方式。民间借贷游离于金融监管体系之外，对较好贯彻国家宏观调控政策和产业政策有负面影响，蕴藏着巨大的社会风险。

4.1.3　现代服务业发展的金融供需均衡分析

1. 现代服务业金融资金需求量快速增长与金融支持相对不足。1978—2008 年 30 年间，山西省服务业实现了跨越式发展，总量增长了 27.3 倍，服务业年均增长 11.8%，不仅高于整体经济 1.8 个百分点，而且高于第二产业 1.2 个百分点。30 年来全省服务业占经济总量的比重由 1978 年的 20.8% 上升到 2008 年的 34.2%，上升了 13.4 个百分点，上升幅度在三次产业中是最高的。现代服务业增加值由 2001 年的 379 亿元增加到 2007 年 1102

亿元。随着现代服务业的快速发展，对资金需求量也随之日益加大。但从产业分布看，对现代服务业的支持力度不断弱化，其中，现代服务业贷款占比由 2006 年的 12.96% 下降至 2008 年的 9.43%（见图 4 - 3）。

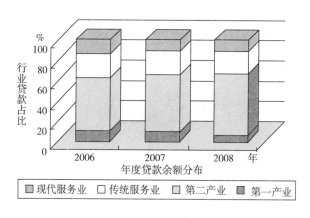

注：数据来源于中国人民银行太原中心支行金融统计监测系统 2008 年末《贷款分行业统计报表》，传统服务业按照交通运输、仓储和邮政业，批发和零售业，住宿和餐饮业的贷款余额汇总统计。

图 4 - 3　山西省信贷支持行业发展变化情况

2. 信贷资金对现代服务业支持存在行业和地区的差异性。近年来，金融业得到迅猛发展，但是信贷资金较多流向传统行业，对现代服务业外生支持作用总体偏弱。从贷款余额在产业间的分布来看，银行信贷进一步向以煤、焦、冶、电为代表的第二产业倾斜，对现代服务业的支持力度不足；从贷款分布地区来看，资源型城市和经济发展相对滞后地区现代服务业的信贷支持较弱，如忻州、阳泉现代服务业贷款占比只有 1.40% 和 5.55%，而发达地区银行信贷对现代服务业支持作用明显，如太原、大同服务业贷款占比分别为 37.69% 和 30.19%，居于全省前列，其中大同市现代服务业占比为 16.46%，居于全省首位。另外，全省贷款分布特征趋同，各市 50% 左右的信贷资金投向第二产业，对服务业尤其是现代服务业投入不足（见图 4－4）。

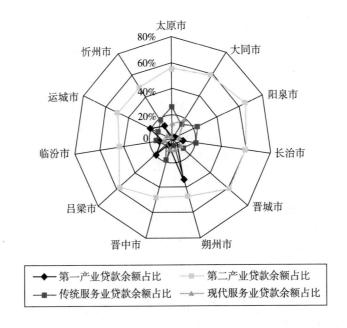

注：根据中国人民银行太原中心支行金融统计监测系统 2008 年末《贷款分行业统计报表》分行业贷款余额统计整理。

图 4－4　2008 年山西省各地区信贷分行业变化雷达图

3. 资本市场、货币市场发展滞后，对现代服务业的外生支持效应较弱。从直接金融内生性来看，山西省直接金融发育不足，中介机构数量有限。目前全省注册期货公司只有 5 家，占全国的 2.88%；基金管理公司只有 1 家，占全国的 1.7%；证券公司只有 2 家，而且只有山西证券是综合类券商，大同证券只从事证券类经纪业务。全省共有 5 家企业发行过企业债券，1 家企业发行过可转换公司债，但均为煤炭、化工和铁路运输企业。从直接金融外生性来看，山西省直接金融对现代服务业发展的支持作用极为有限。2007 年底，全省 26 家 A 股上市公司占全国上市公司总量的 1.66%，同期上海上市公司 150 家、浙江上市公司 123 家。总股本 300 亿股，占全国 A 股总股本的 1.80%。2007 年全省上市公司通过证券市场融资 35.09 亿元，占全国的 0.45%。全省 26 家 A 股上市公司主要分布在煤炭、焦化、电力、冶金、化工等资源型传统行业，属于现代服务企业的只有太工天成 1 家。长城微光以 H 股方式在香港上市，融资 4000 万港元。在货币市场方面，截至 2010 年底，山西省加入全国银行间同业拆借市场的金融机构 18 家，加入债券市场的金融机构 35 家，累计成交 1 万亿元，全省共有 22 家企业发行短期融资券和中期票据，募集资金 879.6 亿元，在中部六省排名第一，在全国排名第六，但发行主体均为传统支柱产业的相关企业。

4. 现代服务业融资渠道多样化，但自身融资能力欠缺。总体来看，目前山西省金融支持现代服务业发展面临着诸多不足，金融业与其他服务业的耦合程度低，金融有效支持现代服务业的发展水平还比较低，与发达省份甚至与周边六省相比，在行业规模、竞争能力、创新能力、市场开拓、基础设施建设等方面都还存在明显的差距，严重影响和制约山西省现代服务业的迅速发展。如某市日报集团，为事业单位企业化管理体制，需要贷款用于基建、购印刷纸等，经过与银行协商，贷款基本能够得到满足，目前正在积极开拓上市融资等新的融资渠道，但是由于单位体制改革等原因，上市的路还很漫长。问及是否采取其他融资方式，如发行企业短期债券等，该单位表示不太了解此方式。

4.2　金融支持现代服务业发展的分析体系构建

金融业最基本的功能是"优化社会资本配置和提供金融中介服务"。这两大功能的实现，需要一个能够提供全方位、多层次金融服务的市场体系，在现代服务业企业成长的不同阶段，随着信息、资产规模等约束条件的变化，企业的融资渠道和融资结构也将随之变化，因此，需要有一个多样化的金融体系来对应其不同成长阶段的融资需求。

4.2.1　构建传统商业银行对现代服务业的创新性金融支持体系

目前，现代服务业面临融资工具缺乏、信用担保体系不健全、融资成本高、难度大等一系列问题，亟须金融业构建完善的支持体系。

1. 通过激励和约束机制、融资工具、贷款技术等方面的创新，引导金融机构转变观念，找准金融支持服务业发展的切入点。加快金融产品和服务创新，发展适应现代服务业特点的融资工具，加快培育现代服务业信用评级市场，继续推进各类现代服务企业担保机构发展，使现代服务业对银行信贷融资的依赖与传统金融机构的普遍惜贷这一对矛盾在一定程度上得以缓解。

2. 完善信贷政策，鼓励商业银行研发支持现代服务业发展的新型金融产品。根据现代服务企业资金需求频繁的特点，鼓励商业银行积极开办中短期流动资金贷款；优化对现代服务企业的结算服务，提高其资金运转效率。一是低息短期贷款：企业希望获得利率较低的融资或贷款贴息。如超市对贷款有需求的时段，可能就是节日前几个月，且为短期融资，而且由于超市是微利企业，无法承受高利率贷款。银行可以针对这种类型的商贸企业，考虑低息短期贷款。二是抵押问题：担保公司费用太高，有的要求支付年利率的50%作为担保费用。超市的房产有限，而且要用于经营。现在我国东莞地区的有些银行创新了仓单质押方式，主要针对物流公司，建议银行也可以考虑采用此种方式对商贸企业，尤其是大型超市融资。三是避免过于专业化：在市县区，银行贷款的专业性针对性很强。例如，工行针对工业企业和项目，农行针对农、林、牧、副、渔业，中行针对外贸行业，适合商贸行业的基本只有信用联社。而信用联社往往利息很高，企业无法承担。建议在地级市或县（区）的银行也考虑针对商贸企业发放贷款。

3. 扩大消费信贷，不断增加现代服务业有效需求。引导商业银行适当简化房地产信贷审批手续，贯彻落实国家关于扩大商业性个人住房贷款利率下浮幅度等有关政策。鼓励金融机构研发、推广科技、教育、旅游等领域的消费信贷产品，推动农村消费信贷市场发展，不断增加现代服务业有效需求，促进健康发展。同时建议加紧落实银监会和科技部联合发布的《关于进一步加大对科技型中小企业信贷支持的指导意见》，在全省范围内尽快建立和完善科技型现代服务企业融资担保体系，依托省级、国家级高新技术和工业园区，扶持发展园区内科技型现代服务企业的信用担保互助组织，为现代服务企业提供全方位的信贷支持。

4.2.2 培育支持现代服务业的地方性中小金融机构体系

健全金融组织体系，加快推进民间资本融入现代服务业领域。充分发挥小额贷款公司、产业基金、风险投资基金等新型金融组织对现代服务企业的资金支持作用。采取由地方政策财政拨款等多种形式组建现代服务业发展基金和现代服务业风险投资基金，健全现代服务业风险补偿机制。拓宽小额贷款公司合作资金和融入资金的来源渠道，允许政府组织和社会团体的委托专项基金、商业银行、政策性金融机构委托转贷资金及民间资本合理流入小额贷款公司。加强小额贷款公司风险监测，制定《小额贷款公司贷款投向指引》，充分发挥小额贷款公司人缘、地缘优势，深化金融支农，突出对现代服务业的金融支撑作用，鼓励民间资本通过小额贷款公司、私募基金等合法渠道流向附加值高、成长性好、风险较低的现代服务企业，把"地下金融"转变为"地上金融"，推动民间资本合法、合规、有序流动，发挥其对现代服务业的支持作用。

4.2.3 建立民间金融缓解企业融资困境的法律及政策支持体系

规范民间融资，创造良好的现代服务业金融生态环境，对民间融资采取正确的政策引导，促进民间融资健康发展。首先，通过法律手段使民间融资逐步走向契约化、规范化。建议尽快出台"民间融资法"等金融法律法规，明晰民间融资双方的权利、义务、交易程序、税务管理、违约责任、监管主体及相关法律事务，实现民间融资由直接投资到间接投资的转化，减少投资风险，为正规金融提供补充，促进现代服务业健康发展。其次，维护正常的民间融资行为，依法打击非法融资、高利贷、金融诈骗活动。最后，政府出台政策，为民间资金的投资指明方向，规范引导民间融资。积极完善金融中介机构，为集中运作民间资金提供有效载体，采取"官助民办"，以社会资本为主，政府投资为辅。一般生产经营性项目鼓励采取股份制、股份合作制、合伙制等方式，投资经营一些项目可以采取政府引导、群众出资入股，民间定向募集资金的方式；重大基础设施项目、大型公益事业，可以采取由政府牵头、政府投资与民间投资相组合的方式，也可以采取政府牵头、法人共同出资，组成股份公司建设与经营。例如高速公路、旧城改造等项目都可通过市场化的运作，在向上争取资金的同时，广泛吸引民间资金的参与。鼓励民间资金按照产业政策和山西省产业发展重点参与投资开发。

4.2.4 建立鼓励现代服务业进行直接融资的支持体系

资本市场是连接投资者与筹资者的重要渠道，健全的资本市场体系和完善的资本市场结构，能给处于融资约束中的现代服务业带来多元的金融支持，因而具有更为重要的意义。根据现代服务业发展的阶段性特点，促进现代服务业直接融资发展的关键环节是建立规范的、适用于现代服务业发展特点的中小型资本市场体系，这一体系应该是场内交易市场和场外交易市场相结合，私人权益资本与公开权益资本相结合，一般投资公司和投资者、风险投资公司和投资者相结合的系统。有效拓展民营科技企业的直接融资渠道，完善其融资方式。

　　1. 完善的资本市场为现代服务业提供多元的支持。2009 年 3 月 31 日，中国证监会发布《首次公开发行股票并在创业板上市管理暂行办法》，对拟到创业板上市企业的发行条件、发行程序、信息披露、监督管理和法律责任等方面进行了详细规定。现代服务业具有成长性好、附加值高的突出特点，有望成为创业板上市企业的主力军。因此，要大力发展综合类券商、基金公司等机构投资者，积极引导现代服务企业完善会计制度，加强公司治理结构改革，加快现代服务企业股票上市步伐。此外，基于现代服务业普遍存在资产规模较小、行业风险较大的特点，建议采取由地方政府牵头，按照"统一冠名、分别负债、分别担保、捆绑发行"的模式，探索研发现代服务企业联合债券、现代服务企业应收账款资产支持债券等新型直接融资工具。完善中小企业债券信用评级制度和信用担保制度，积极支持经营效益好、偿还能力强、成长性好的中小现代服务企业集合发行短期融资券，降低企业财务成本，完善债券风险处置办法，不断满足现代服务企业短期融资需求。2009 年 5 月 21 日，大连中小企业集合债券在深交所挂牌上市，这是继"07 中关村债"、"07 深中小债"之后第一只没有商业银行担保的集合债券，也为山西省现代服务企业集合债券的发展提供了良好的借鉴。建议相关部门考虑制定与现代服务企业特点相匹配的集合债券管理办法、制度设计方案，使货币市场更好地为全省现代服务企业服务。

　　2. 利用创业板市场为现代服务业提供直接融资的平台。现代服务业的创业需求可以通过风险投资或创业板上市扩大企业的融资渠道来解决。为吸引风险投资基金的进入，可以设立创业投资引导基金，与风险投资基金一起，通过分散风险来支持企业的创业需求。对于能够达到创业板门槛的创业投资企业，金融中介机构可以积极推荐其上市，通过直接融资来满足企业获取资金的需求。

5 金融支持现代服务业发展的实证检验

从世界经济的发展来看，各个国家和地区的现代化服务业的发展都离不开金融的推动作用。而金融本身的发展水平和深化程度也成为一国或地区经济发展的重要标志。金融对现代服务业发展的作用机制可以表述为：金融发展→影响投资、储蓄→影响生产要素分配→影响国民经济三次产业发展，并通过资金形成、资金导向、信用催化、行业整合、防范和化解风险等金融作用机制最终影响现代服务业发展。从这个角度来讲，现代经济正逐渐转变成为一种现代金融。金融支持服务业发展首先体现为金融发展支持国民经济整体协调发展，进而对服务业产生贡献和外溢带动作用，拉动现代服务业快速发展。此外，金融支持不单纯是资金供给，还包括制度、政策环境的保证。金融支持实际上是如何选择政策安排，合理安排优先次序，充分发挥金融的筹资融资功能，调节经济和资源配置功能，促进经济的发展。

5.1 金融支持经济增长的系统预测——以山西省为例

5.1.1 金融发展与经济增长预测研究

改革开放以来，山西省金融业发展迅速，不仅表现在金融业产值总量的扩张，金融业内部功能也在不断扩展和增强。2008年山西省人均地区生产总值为 20300 元，首次突破两万元大关，按国家统计局核定的 2008 年平均汇率计算，人均超过 2900 美元，属于工业化后期，即生产服务业和个人服务业高速发展的阶段。但是与同期发达国家相比，与其他较发达省市相比，山西省的金融业发展水平还存在一定的差距。我们将采用统计学和计量经济学的相关研究方法，使用 EViews5.0，分析山西省金融业发展与经济增长之间的关系。

1. 变量选取及数据来源

本节经济增长指标选用地区生产总值（GDP），金融业发展指标选用金融保险业增加值（JGDP），按照地区生产总值指数以 1978 年为基期调整得到各指标的实际增加值，并对其进行对数处理。经处理后的地区生产总值用 LGDP 表示，金融保险业增加值用 LJGDP 表示。本书的样本数据均来自各年《山西省统计年鉴》和《新中国五十五年统计数据资料汇编》，样本区间为 1978—2007 年。

2. 计量方法与模型

传统的方法对计量模型所使用的时间序列数据没有进行平稳

性检验，而实际上经济变量大都是非平稳的，直接进行回归分析容易出现"伪回归"（Spurious Regression）问题（Granger – Newbold，1974；Phillips，1986），而差分序列的回归会导致长期信息的丢失。由 Engle – Granger （1987） 等发展起来的协整（Co – integration）分析技术有效地解决了传统经济建模中非平稳时间序列的"伪回归"问题，又使模型兼具系统的短期动态波动和长期均衡特征，是一种具有高度稳定性和可靠性的动态建模方法。

（1）序列的平稳性检验

如果一个序列是平稳的，则它的均值与时间趋势无关，围绕一个均值波动并向其收敛。序列的平稳性检验是协整分析的前提，若一个非平稳序列 y_t 经过 d 次差分后可变成平稳序列，则称 y_t 是 d 阶平稳的，记为 $y_t \sim I$ （d）。常见的检验序列平稳性方法有 DF （Dickey – Fuller） 方法、ADF （Augment Dickey – Fuller） 方法、PP （Phillips – Perron） 方法等，采用较多的是 ADF 方法和 PP 方法。我们采用 ADF 检验和 PP 检验联合对时间序列进行平稳性检验。

（2）协整检验

协整的含义为：有些时间序列，虽然每个变量自身可能是非平稳的，但它们的某种线性组合却是平稳的，这个线性组合反映了变量之间长期稳定的均衡关系。检验经济变量之间协整关系的方法主要有 Engle 和 Granger （1987） 提出的两步检验法和 Johansen 极大似然检验法。后者是 Johansen – Juselius （Johansen，1988，1995；Johansen – Juselius，1990） 等人提出并逐步完善的基于向量自回归（VAR）（Sims，1980）方法的协整系统检验，适用于多变量系统。我们采用适用于两变量协整系统的 Engle – Granger 两步法。

（3）误差修正模型

协整关系反映了经济变量之间的长期均衡关系，即变量间存在系统的协同运动机制，而误差修正模型（Error Correction Model，ECM）进一步反映了变量之间的短期动态关系和长期均衡调整速度，分别用交叉差分项和一阶滞后的误差修正项表示。当系统偏离均衡点时，误差修正机制可以把系统重新拉回至均衡状态，使这种偏离不可能长久也不可能太远。误差修正模型包含了长期和短期参数，是将变量间长期变化和短期波动综合体现的一种有力工具。将向量自回归模型差分处理并加入误差修正项后化简，得到误差修正模型的表达形式为

$$\Delta y_t = \alpha + \sum_{i=1}^{m} \beta_t \, \Delta y_{t-i} + \sum_{i=0}^{n} r_i \, \Delta x_{t-i} + \delta ECM_{t-1} + u_t$$

$$(5-1)$$

式中，y_t 为内生变量，x_t 为外生变量，误差修正项 ECM_{t-1} 由上述协整方程构造，即协整方程残差的一阶滞后值。

（4）格兰杰因果关系检验

格兰杰因果关系检验是由 Granger 提出，经过 Hendry、Richard 等人发展完善的一种检验方法，其检验原理是：两个经济变量 x 和 y 在包含滞后期取值的条件下对 y 的预测效果要好于单独由包含 y 的滞后期取值对 y 的预测，即 x 有利于 y 预测精度的改善，则称 x 是 y 的格兰杰成因，此时 x 的滞后期系数具有统计显著性。

（5）脉冲响应函数分析

脉冲响应函数（Impulse Response Function，IRF）是指系统对其某一变量的一个冲击（Shock）或新息（Innovation）所作出的反应。进行脉冲响应函数分析之前先建立向量自回归模型。对于两变量的 VAR（3）模型如下：

$$y_t = \alpha_{11}\, y_{t-1} + \alpha_{12}\, y_{t-2} + \alpha_{13}\, y_{t-3} + \beta_{11}\, x_{t-1} + \beta_{12}\, x_{t-2} + \beta_{13}\, x_{t-3} + u_{1t}$$

$$（5-2）$$

$$x_t = \alpha_{21}\, y_{t-1} + \alpha_{22}\, y_{t-2} + \alpha_{23}\, y_{t-3} + \beta_{21}\, x_{t-1} + \beta_{22}\, x_{t-2} + \beta_{23}\, x_{t-3} + u_{2t}$$

$$（5-3）$$

以上模型中的随机扰动项称为新息。由式（5-2）和式（5-3）组成的 VAR（3）模型中，如果 u_{1t} 发生变化，不仅当前的 y 值立即改变，而且会影响到 y 和 x 今后的取值。脉冲响应函数则描述了这些影响的轨迹，显示任意一个变量的扰动如何通过模型影响所有其他变量，最终又反馈到自身的过程。

（6）预测方差分解

预测方差分解也是一种研究模型动态特征的方法，通过将每个内生变量的波动按成因分解，分析每一个新息对内生变量的相对重要性，从而能够定量地把握变量间的影响关系。可以通过分解系统的预测均方误差（Mean Square Error，MSE），测定各个扰动项的相对方差贡献率 VP：

$$VP_{i \leftarrow j}(p) = \frac{\sum_{q=0}^{p-1} (\phi_{q,i \leftarrow j})^2\, \sigma_{jj}}{\sum_{j=1}^{k} \left\{ \sum_{q=0}^{p-1} (\phi_{q,i \leftarrow j})^2\, \sigma_{jj} \right\}} \qquad （5-4）$$

式中，p 代表滞后期，$\phi_{q,i \leftarrow j}$ 是第 i 个变量对第 j 个变量冲击的脉冲响应函数，σ_{jj} 代表第 j 个变量的标准差，分母 $\sum\limits_{j=1}^{k}\{\sum\limits_{q=0}^{p-1}(\phi_{q,i\leftarrow j})^2\,\sigma_{jj}\}$ 是第 i 个变量的方差，$VP_{i\leftarrow j}(p)$ 表示第 j 个变量对第 i 个变量的方差贡献率。$VP_{i\leftarrow j}(p)$ 越大意味着第 j 个变量的冲击对第 i 个变量的影响越大，反之则越小。

5.1.2　实证分析

1. 序列的平稳性检验

LGDP 与 LJGDP 在图形上均表现出非平稳的特征（见图 5-1、图 5-2），而它们的一阶差分序列（DLGDP 与 DLJGDP）具有平稳的特征（见图 5-3、图 5-4）。

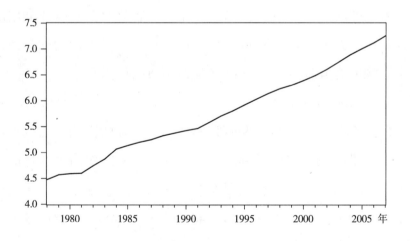

图 5-1　序列 LGDP 的折线图

使用 ADF 和 PP 方法检验时间序列数据的平稳性。ADF 单位根检验的结果表明，LGDP 的 ADF 值为 0.78，大于 10% 显著性

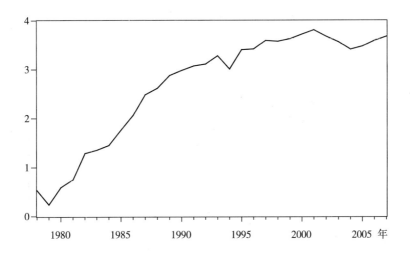

图 5 - 2　序列 LJGDP 的折线图

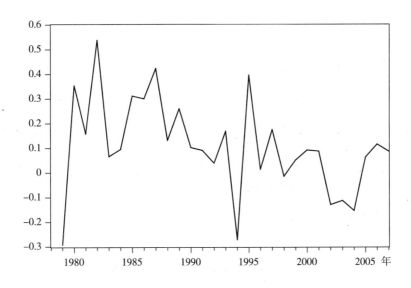

图 5 - 3　序列 DLGDP 的折线图

水平的临界值 - 3.2547，拒绝原假设，LGDP 是非平稳的，存在单位根。对 LGDP 的差分序列（DLGDP）进行方程有截距和趋

图 5 - 4 序列 DLJGDP 的折线图

势项的检验，ADF 统计量小于 1% 显著性水平的临界值
- 4.4407，差分后的序列平稳，LGDP 是一阶单整的。PP 检验的
结果表明，LGDP 的 PP 统计量 - 1.2158 大于 10% 显著性水平的
临界值 - 3.2217，LGDP 存在单位根，序列不平稳，其差分序列
（DLGDP）的 PP 统计量小于 1% 显著性水平的临界值 - 3.5806，
差分后的序列是平稳的，LGDP 是一阶单整的。两种检验方法的
结果一致。同理，我们可以得到序列 LJGDP 的检验结果，如表
5 - 1所示。

表5-1   山西省地区生产总值、金融保险业增加值及其差分序列的平稳性检验

变量	ADF 检验				PP 检验			
	形式	ADF 值	临界值	结论	形式	PP 值	临界值	结论
LGDP	C，T，7	0.7800	-3.2547 ***	不平稳	C，T	-1.2158	-3.2217 ***	不平稳
DLGDP	C，T，6	-5.0144	-4.4407 *	平稳	C，T	-4.1345	-3.5806 **	平稳
LJGDP	C，T，7	-0.6910	-3.2217 ***	不平稳	C，T	-0.3437	-3.2217 ***	不平稳
DLJGDP	C，T，6	-7.9779	-4.3240 *	平稳	C，T	-12.6825	-4.3240 *	平稳

注：＊、＊＊、＊＊＊分别表示在1%、5%、10%的显著水平；临界值由软件 EViews5.0 给出；其中 C 和 T 表示带有常数项和趋势项，K 为滞后阶数，由 AIC 和 SC 值最小准则确定。

2. 金融保险业增加值与经济增长关系的协整检验

通过以上检验可以判定 LGDP、LJGDP 为一阶单整序列，满足协整检验的前提。在此，我们进一步检验两变量之间是否存在协整关系。协整检验我们采用 Johansen 检验方法。

S. Johansen 建立的协整分析框架认为，如果有 N 个内生变量，每一个都是一阶单整序列，则可能有 0～N-1 个线性独立的协整向量。如果没有协整向量，典型的时间序列分析就可以应用在这些数据的一阶差分序列，建立 VAR 模型。因为原序列都是一阶单整的，所以一阶差分后的变量都是平稳变量。用平稳变量建立的 VAR 模型是稳定的系统。如果存在一个协整方程，则 VAR 要包含一个反映序列长期关系的误差修正项，该项出现在每一个 VAR 方程的右侧。每增加一个协整方程，就要在 VAR 的每个方程右侧增加一个相应的误差修正项。Johansen 检验能判定协整方程的个数，该个数被称为协整秩。

Johansen 协整检验结果见表5-2。

表 5 – 2　　　　　　　　序列 LGDP 与 LJGDP 协整检验结果

协整方程数目	特征值	迹统计量	5% 水平临界值	概率
None*	0.638285	43.14249	12.32090	0.0000
At most 1*	0.473986	16.70313	4.129906	0.0001
协整方程数目	特征值	最大特征值 统计量	5% 水平临界值	概率
None*	0.638285	26.43936	11.22480	0.0001
At most 1*	0.473986	16.70313	4.129906	0.0001

注：＊表示在 1% 的显著水平。

检验结果表明序列 LGDP 和 LJGDP 两者存在着协整关系。也就是说，因变量能被自变量的线性组合所解释，两者之间存在着稳定的均衡关系。从经济意义上看，就是具有协整关系的经济指标被某经济系统联系在一起，从长期来看这些变量具有均衡关系。虽然在短期内，因为季节影响或随机干扰，这些变量有可能偏离均值，但这种偏离是暂时的，随着时间推移将会回到均衡状态。

3. 误差修正模型

由前述已知，经济增长（LGDP）和金融保险业增加值（LJGDP）之间存在长期协整关系，下面我们用误差修正模型（Error Correction Model，ECM）考察变量之间长期变动过程中的短期动态特征。ECM 估计我们采用"Engle – Granger 两步法"。

（1）用变量 LGDP 对 LJGDP 进行普通最小二乘回归，得到长期方程回归模型的估计结果：

$$LGDP = 4.0203 + 0.6465LJGDP$$

$$(21.0104)\ (9.7586) \qquad\qquad (5-5)$$

$$R^2 = 0.7728 \quad Adj - R^2 = 0.7647 \quad F - stst = 95.2305$$

$$D - W \; stat = 0.1295$$

这一长期方程说明，金融保险业增长率增加 1 个百分点，经济增长率将提高 0.6465 个百分点。

（2）将模型（5-5）估计的残差序列存储在默认序列 E 中，然后用 DLGDP 的滞后值、DLJGDP 的当前值和滞后值、E 的滞后值作为解释变量与 DLGDP 建立误差修正模型，逐步去掉统计值不显著的变量，得到动态回归方程（5-6）。动态回归方程（5-6）的统计检验结果见表 5-3。

表 5-3   动态回归方程统计检验表

Variable	Coefficient	Std. Error	t - Statistic	Prob.
C	0.174649	0.009564	18.26040	0.0000
DLGDP （-3）	-0.673512	0.068934	-9.770360	0.0000
DLJGDP （-4）	-0.020276	0.008335	-2.432530	0.0245
E （-1）	0.083045	0.017348	4.787040	0.0001
MA （1）	0.997260	0.116080	8.591164	0.0000
R - squared	0.778918	Mean dependent var		0.100452
Adjusted R - squared	0.734701	S. D. dependent var		0.036330
S. E. of regression	0.018713	Akaike info criterion		-4.942366
Sum squared resid	0.007003	Schwarz criterion		-4.698591
Log likelihood	66.77957	F - statistic		17.61600
Durbin - Watson stat	1.774940	Prob （F - statistic）		0.000002

$$DLGDP = 0.1746 - 0.6735 DLGDP \; （-3）$$

$$- 0.0203 DLJGDP \; （-4） + 0.08305 E \; （-1）$$

$$（5-6）$$

从整个 ECM 系统来看，回归得到的模型拟合效果较好。该误差修正模型反映了山西省金融保险业增加值与经济增长的短期动态关系，方程系数显著，通过了5%的显著性水平检验。误差修正项（E）的系数与LGDP和LJGDP的变化系数符号相反，符号满足经济意义，说明当期GDP增长率受前3期GDP增长率和前4期JGDP的反向影响，受前期误差修正项的正向影响。这一结果反映了宏观经济的调控周期和驱动惯性，经济波动的周期性决定了要对经济运行过程不断进行宏观调控，做到经济平稳运行，早期经济过热进行调整必然使后期经济增长率放缓，反之则相反。模型结论说明调控政策实施效果的周期为3~4年。而经济运动的驱动惯性则通过当期GDP增长率受前期误差修正项的正向影响得到说明。具体讲就是，如果前期实际GDP超过受同期JGDP影响的均衡GDP，则本期GDP会上升，调整力度为8.3%。在短期变动中，在其他条件不变的前提下，滞后3年的GDP增长率影响本期的GDP增长率，DLGDP（-3）的系数为负，这表明前3期GDP对后期GDP的增长具有反向抑制作用，前3年的GDP增加1个百分点，本期GDP增长率将降低0.6735个百分点。同时，GDP增长率受到滞后4年的金融保险业增加值变动的影响，滞后4期的金融保险业增加值增加1个百分点，GDP增长率将降低2.03个百分点，这说明金融保险业增长对经济增长的影响存在一定的时滞，滞后期为4年。这一结论说明，通过金融保险业的增长来带动其他行业的增长，需要一定的时间，而金融是经济的血液，所以我们必须要提前大力促进金融保险业的发展。

4. 金融保险业增加值与经济增长之间的格兰杰因果关系检验

协整检验结果表明，山西省金融保险业发展与经济增长之间存在长期的均衡关系，下面我们来考察这种均衡关系是否构成因果关系。Granger 因果关系检验实质上是检验一个变量的滞后变量是否可以引入到其他变量方程中。一个变量如果受到其他变量的滞后影响，则称它们具有 Granger 因果关系。Granger 因果检验结果见表 5 - 4。

表 5 - 4　　　　　　　　　　　**Granger 因果检验结果**

Null Hypothesis	Obs	F - Statistic	Probability
LJGDP does not Granger Cause LGDP	26	4. 07107	0. 01707 ***
LGDP does not Granger Cause LJGDP	Lags 4	7. 71293	0. 00098 ***

注：＊＊＊表示在10%的显著水平。

检验结果表明，滞后期取 4 时，在 10% 的显著性水平下，山西省金融保险业增加值与经济增长之间互为因果。这说明金融保险业增加值变动对经济增长具有拉动作用，经济增长又进一步促进金融保险业的发展。但滞后 4 期关系说明，经济增长与金融保险业发展不是同步变化，金融保险业要领先发展，才能促进实体经济的发展。

5. 脉冲响应函数分析

脉冲响应函数用来衡量来自随机扰动项的一个标准差冲击对内生变量当前和未来取值的影响。为对脉冲响应函数有更清晰的了解，我们对两变量的 VAR 模型进行简要分析。这一模型如下：

$$P_t = \alpha_{11} P_{t-1} + \alpha_{12} M_{t-1} + \varepsilon_{1,t}$$

$$M_t = \alpha_{21} P_{t-1} + \alpha_{22} M_{t-1} + \varepsilon_{2,t} \qquad (5 - 7)$$

在式（5 - 7）构成的 VAR（1）模型中，如果 $\varepsilon_{1,t}$ 发生变

化，不仅当前的 P 值立即改变，而且还会影响到变量 P 和 M 今后的取值。脉冲响应函数试图描述这些影响的轨迹，显示任意一个变量的扰动如何通过模型影响所有其他变量，最终又反馈到自身的过程。如果新息是相关的，它们将包含一个不与某特定变量相联系的共同成分。通常，将共同成分的效应归属于 VAR 系统中第一个出现的变量。这里，$\varepsilon_{1,t}$ 和 $\varepsilon_{2,t}$ 的共同成分都归于 $\varepsilon_{1,t}$。各变量对新息冲击的反应，通过脉冲响应函数图来表示，脉冲响应函数合成图反映了一个变量对自身新息和其他变量新息冲击的反应。

在进行脉冲响应函数分析之前应先建立向量自回归（VAR）模型。VAR 模型中一个重要的问题是滞后阶数的确定。在选择滞后阶数 p 时，一方面想使滞后阶数足够大，以便能完整地反映所构造模型的动态特征；另一方面，滞后阶数越大，需要估计的参数也就越多，模型的自由度就减少。所以通常进行选择时，需要综合考虑，既要有足够数目的滞后项，又要有足够数目的自由度。EViews5.0 软件 VAR 模块提供了确定滞后阶数 p 的功能。估计结果见表 5 – 5。表 5 – 5 中 LR、FPE、AIC、SC、HQ 是五种评价准则。五个评价指标都显示应该建立 VAR（1）模型。

表 5 – 5 　　　　　　　　　VAR 模型滞后阶数确定结果

Lag	LogL	LR	FPE	AIC	SC	HQ
0	– 51. 89197	NA	0. 161014	3. 849426	3. 944584	3. 878517
1	66. 99063	212. 2904 *	4. 40e – 05 *	– 4. 356474 *	– 4. 071001 *	– 4. 269202 *
2	70. 14293	5. 178768	4. 71e – 05	– 4. 295923	– 3. 820136	– 4. 150470

为了能更完整地反映模型的动态特征，我们可以在此基础

上，根据赤池信息准则（AIC）和施瓦茨准则（SC）进行进一步的选择，得到拟合程度相对较好的 VAR（5）。估计结果见表5－6。

表 5－6. VAR（5）模型估计结果

解释变量	LGDP	LJGDP
LGDP （－1）	1.132685 （0.22833）	－0.998465 （0.92311）
LGDP （－2）	0.048283 （0.32038）	－0.077176 （1.29526）
LGDP （－3）	－0.759572 （0.25831）	3.505952 （1.04431）
LGDP （－4）	0.662900 （0.32913）	－2.095139 （1.33063）
LGDP （－5）	－0.075872 （0.24631）	－0.433476 （0.99581）
LJGDP （－1）	－0.093194 （0.06517）	0.467446 （0.26349）
LJGDP （－2）	0.046060 （0.05848）	0.451525 （0.23644）
LJGDP （－3）	－0.043560 （0.05181）	－0.158890 （0.20948）
LJGDP （－4）	－0.016343 （0.04947）	0.118840 （0.20000）
LJGDP （－5）	0.085523 （0.03825）	－0.000989 （0.15463）
C	0.163466 （0.12878）	1.003555 （0.52063）
R²	0.999265	0.988522
Log likelihood	63.95069	29.02675
Akaike AIC	－4.236055	－1.442140
Schwarz SC	－3.699750	－0.905834
VAR（5）的极大似然函数值 logL＝93.10574；AIC＝－5.688459；SC＝－4.615849		

注：括号中数字是 t 统计量的值，括号外为参数估计值。

下面对建立的 VAR 模型进行脉冲响应函数分析。图 5－5 显示 LGDP 对一个标准差新息的响应。经济增长（LGDP）对其自身的一个标准差新息立即有较强烈的反应，结构量增加 0.025，

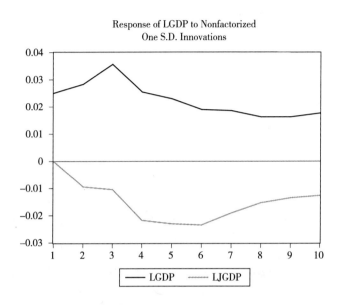

图 5 - 5　LGDP 对一个标准差新息的响应

然后影响持续上升，到第 3 期达到影响的高峰，结构量增加
0.036，此后影响将逐步衰减，但保持一个持续的正影响，从第
8 期开始，影响保持在比原水平增加约 0.016 的平稳水平上。来
自金融保险业增长（LJGDP）的新息变化对该序列影响总体上是
负向的，在第 1 期没有反应，然后持续下降，到第 5 期和第 6 期
比较明显，结构量比原水平下降约 0.023；自此，影响开始上
升，到第 9 期稳定在下降 0.013 的平稳水平上。图 5 - 6 显示
LJGDP 对一个标准差新息的响应。金融保险业增长（LJGDP）对
其自身的一个标准差新息立即有强烈的反应，结构量增加
0.101，然后影响持续下降，但一直保持正向影响，在下降过程
中有波动反弹，从第 7 期开始稳定在结构量增加约 0.022 的水平

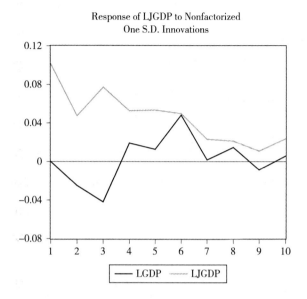

Response of LJGDP to Nonfactorized
One S.D. Innovations

图 5-6　**LJGDP 对一个标准差新息的响应**

上。来自经济增长（LGDP）的新息变化对该序列影响总体上是起初负向，然后正向，最后基本消失。在第 1 期没有反应，然后下降，但影响时间不长，到第 3 期达到最低点，结构量比原水平下降约 0.042；自此，影响开始上升，到第 6 期达到最高点，结构量增加约 0.048；随后，新息的影响基本消失。这说明从长期来看，山西省经济增长和金融保险业增长的内部结构变动是一个渐趋平缓的过程。二者内部结构的变动影响初期只是自我表现，并不显现关联效应，但在长期趋势上，有着明显的结构效应。金融保险业增长可以吸收经济增长结构变化的影响，但经济增长不能吸收金融保险业增长结构变化的影响。所以，我们必须要重视金融服务业的发展和布局，做到金融服务业的平稳发展。

6. 预测方差分解

预测方差分解是将系统的预测均方误差按其成因分解成系统各变量冲击所作的贡献，从而了解各变量对模型内生变量的相对重要性。对 LGDP 和 LJGDP 的预测方差分解结果见表 5 - 7。

表 5 - 7　　　　　变量 LGDP 和 LJGDP 预测方差分解结果

预测期	变量 LGDP 的 h 步预测方差分解结果			变量 LJGDP 的 h 步预测方差分解结果		
	S. E.	LGDP	LJGDP	S. E.	LGDP	LJGDP
1	0.025046	100.0000	0.000000	0.101256	1.021195	98.97881
2	0.039689	94.40472	5.595275	0.115576	7.427597	92.57240
3	0.055063	93.53768	6.462320	0.147454	15.94932	84.05068
4	0.065313	84.47320	15.52680	0.157054	14.83014	85.16986
5	0.073702	78.18546	21.81454	0.165946	13.47872	86.52128
6	0.080222	73.13945	26.86055	0.178429	17.47573	82.52427
7	0.084962	71.07751	28.92249	0.179909	17.19024	82.80976
8	0.088149	70.15174	29.84826	0.181573	17.34823	82.65177
9	0.090901	69.75426	30.24574	0.182162	17.52770	82.47230
10	0.093710	69.74268	30.25732	0.183723	17.26601	82.73399

从表 5 - 7 的左半部分可以看出，在第 1 到第 3 预测期内，LGDP 的增长大部分可以由它自己的新息解释，从第 4 期开始，LGDP 自身的解释能力明显下降，而 LJGDP 的新息对 LGDP 的增长虽然在第 1 期没有解释能力，但随着预测期的延长，LJGDP 对 LGDP 的解释能力逐渐加强，从第 2 期的 5.59% 增加到第 10 期的 30.26%。表 5 - 7 的右半部分反映了 LJGDP 的增长从第 1 期起就是由 LGDP 和其自身的新息共同解释的，LGDP 对 LJGDP 的

解释能力逐渐增强，由第 1 期的 1.02% 增加到第 10 期的 17.27%，但整体而言变动幅度不大。预测方差分析的结果说明，山西省金融保险业结构变动对经济增长的影响明显逐期加强，经济增长对金融保险业结构变动的影响逐渐加强，但程度比前者小。

5.1.3 山西省金融发展与经济增长关系预测函数

1. 预测函数

我们已经根据山西经济数据，求出了 LGDP 和 LJGDP 的误差修正模型（ECM）。这一模型既考虑了两变量间长期发展趋势，也考虑了随机因素引起的短期波动。所以，我们用此模型作为预测函数。具体表达形式见模型（5－8）。

$$LGDP = 0.1746 + LGDP（-1）- 0.6735DLGDP（-3)$$
$$- 0.0203DLJGDP（-4）+ 0.08305E（-1)$$

$$(5-8)$$

2. 预测准确性的检验准则

一个函数作为预测函数是否可行，必须通过一系列的准则检验。常用的检验准则有：

（1）平均绝对百分误差（MAPE）

$$MAPE = \frac{1}{n} \sum_{i=1}^{n} \left| \frac{\hat{y}_t - y_t}{y_t} \times 100 \right| \qquad (5-9)$$

一般认为如果 MAPE 的值低于 10，则预测精度较高。

（2）希尔不等系数

$$Theil - IC = \frac{\sqrt{\dfrac{1}{n}\sum\limits_{i=1}^{n}(\hat{y}_i - y_i)^2}}{\sqrt{\dfrac{1}{n}\sum\limits_{i=1}^{n}\hat{y}_i^2} + \sqrt{\dfrac{1}{n}\sum\limits_{i=1}^{n}y_i^2}} \qquad (5-10)$$

希尔不等系数（Theil Inequality Coefficient）总是介于 0 到 1，数值越小，表明拟合值和真实值间的差异越小，预测精度越高。

（3）均方误差分解

均方误差可以分解为偏差率（BP）、方差率（VP）、协变率（CP）三个指标。

$$BP = \frac{(\bar{\hat{y}} - \bar{y})^2 \times n}{\sum\limits_{i=1}^{n}(\hat{y}_i - y_i)^2} \qquad (5-11)$$

$$VP = \frac{(\hat{\sigma}_y - \sigma_y)^2 \times n}{\sum\limits_{i=1}^{n}(\hat{y}_i - y_i)^2} \qquad (5-12)$$

$$CP = \frac{2 \times n \times (1 - r)\,\hat{\sigma}_y\,\sigma_y}{\sum\limits_{i=1}^{n}(\hat{y}_i - y_i)^2} \qquad (5-13)$$

式中，$\bar{\hat{y}}$ 是预测值的均值，$\bar{y}$ 是实际序列的均值，$\hat{\sigma}_y$ 和 σ_y 分别是预测值和实际值的标准差，r 是它们间的相关系数。三个指标的取值范围都在 $0 \sim 1$，并且这三项指标之和等于 1。BP 反映了预测值均值和实际值均值间的差异，VP 反映它们标准差的差异，CP 则测量了剩余的误差。当预测比较理想时，均方误差大多数集中在协变率上，而其余两项都很小。

3. 预测检验结果

根据式（5-8）计算得到预测值后，计算各检验指标的结果见表5－8。

表5－8 预测精度检验指标值

检验指标	MAPE	Theil IC	BP	VP	CP
检验指标值	0.3708	0.0021	0.0235	0.0047	0.9718

从检验指标值可以看出，我们的预测模型精度是比较高的，可以应用于实际预测。

5.2 金融支持现代服务业发展的贡献度分析——以山西省为例

5.2.1 贡献度定义界定

"贡献度"概念来自经济政策效应评价。政策效应的分析和评价是一种定量研究，必须以数据来体现效应的大小高低。经济政策效应评价指标体系分为以下四个方面：（1）经济政策结果方面，有两类指标：一是政策目标效果，用国内生产总值与经济增长率、失业率、通货膨胀率、居民收入等衡量；二是政策中间目标效果，用利率、汇率、财政收支、国际收支、固定资产投资规模等衡量。（2）经济政策成本方面：既要考虑财政支出、国债发行量、货币发行量等政策成本（投入），也要考虑政策的机会成本。（3）经济政策效益：政策效益＝政策的产出/政策的投入。（4）经济政策效力：用要素贡献度（或拉动系数）、要素贡献率（或要素拉动增长率）、要素拉动物价上升、要素弹性系数等指标衡量。[①]

　　要素增长带动经济的名义增长可以分为两块：GDP 中的实际增长和 GDP 中的价格上升。为了分析要素增长对经济增长的拉动作用，我们可以通过计算要素拉动系数来做定量的统计分析。所谓要素拉动系数是指一定时期要素增量与当期国内生产总值增量之比，反映经济增量中要素增加所引起的拉动作用程度。运用要素拉动系数，我们可以计算经济的名义增长率和实际增长率中各有多少百分点是由于要素增加而带动的，再通过这两个增长率的比较便可以得到要素增长对经济的实际影响和对物价的推动影响程度。要素弹性系数是一个较为具体地反映要素增长对经济增长的影响作用或制约性的分析指标。它是经济增长率与要素增长率之比，说明要素每增长 1 个百分点能带动经济增长的比例关系。要素弹性系数有名义弹性系数与实际弹性系数之分。名义弹性系数是名义经济增长率与名义要素增长率之比。实际弹性系数是实际经济增长率与实际要素增长率之比。实际弹性系数消除了价格指数与 GDP 平减指数之间的差异，从而反映要素增长与经济增长的实际比率关系。

---

① 各指标具体计算公式如下：
　　（1）要素贡献度（或拉动系数）＝要素增量/GDP 增量×100%；
　　（2）要素拉动 GDP 名义增长（或拉动名义增长率）＝名义要素增量/上年（或基年）名义 GDP×100%；
　　（3）要素拉动 GDP 实际增长（或拉动实际增长率，或拉动 GDP 百分点）＝实际要素增量/上年（或基年）实际 GDP×100%；
　　（4）要素拉动物价增长＝要素拉动名义增长率－要素拉动实际增长率；
　　（5）要素贡献率＝要素拉动 GDP 增长＝要素贡献度×GDP 增长率；
　　（6）要素名义弹性系数＝名义要素增长率/名义经济增长率；
　　（7）要素实际弹性系数＝实际要素增长率/实际经济增长率。

5.2.2 山西省金融业对经济增长贡献度分析

金融业对经济增长贡献的变化是通过其增加值增量和增速的变化来进行的。

1. 金融增加值占地区生产总值的比重位于全国第 18 位，中部第 2 位

2008 年山西省金融增加值占地区生产总值的比重为 2.7%，占第三产业产值比重为 8.01%。一般来说，地区经济越发达，金融增加值占地区生产总值的比重就越高。2007 年山西省地区生产总值居全国第 18 位，中部六省第 5 位；同期金融增加值占地区生产总值比重居全国第 18 位，中部六省第 2 位。因此，当前山西省金融增加值占比较低也与地区经济发展相对落后相关。从历史数据看，金融增加值占地区生产总值的比重呈逐年下降态势，已经由 1998 年的 6.7% 下降到 2008 年的 2.74%（见图 5-7），这与近年来山西省第二

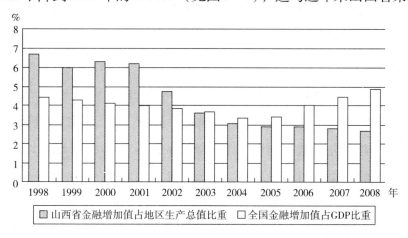

图 5-7　山西省金融增加值占地区生产总值
比重与全国金融增加值占 GDP 比重对比

产业快速发展的产业结构相关。

从金融增加值占第三产业的比重看，该比例近年来基本保持在8%左右（见图5-8）。山西省金融增加值占第三产业的比重居全国第17位，中部六省第2位。

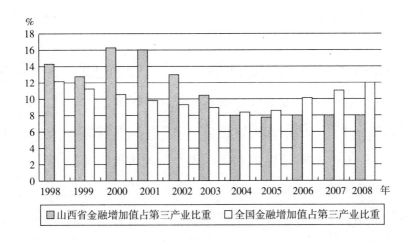

图5-8 山西省与全国金融增加值占第三产业比重走势对比

总体来看，山西省金融增加值占比虽然较历史同期有所下降，但仍与山西省经济在国民经济中的地位基本一致，在中部地区为较好水平。

2. 山西省金融对经济的贡献度不断增强

产业贡献率即产业增加值增量与GDP增量之比，如果金融业增长速度快，增加值盘子就会滚动变大，对GDP的贡献随之水涨船高。从山西省金融业对经济增长贡献的变化情况看，金融业对地区生产总值的贡献度保持逐年上升态势，与其在地区生产总值中的占比份额相当（2%~4%），见图5-9。2002—2008年，金融对地区生产总值及第三产业的平均贡献度分别为

－2.59%和－4.79%。其中，2005—2008年，全省金融业对地区生产总值的贡献度分别为1.94%、3.02%、2.17%和2.45%，金融业对第三产业的贡献度分别为6.27%、9.89%、7.41%和8.54%，均高于历史平均水平，表明在经济日益全球化的背景下，金融业在不断发展壮大的同时，对经济的贡献度也在逐年增强。

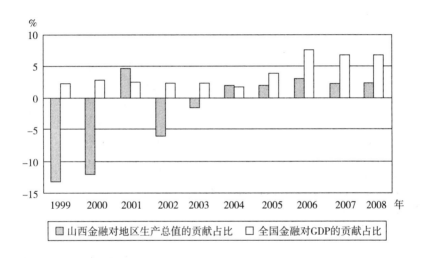

图5－9　山西省与全国金融业对经济的贡献走势对比

从上述数据看出，山西省金融业对地区生产总值的贡献度在1%～3%，对第三产业的贡献度在6%～10%，并呈逐年上升态势，说明全省金融业在第三产业所占比重逐步提高，但是对于日益增长的地区生产总值，金融业还需要做大做强，才能进一步提高对经济增长的贡献。

5.2.3　山西省金融业对服务业贡献度分析

我们计算要素贡献度、要素拉动 GDP 增长、要素弹性系数三个指标，各指标按不变价格（以 1978 年为基期）计算。计算结果见表 5 - 9。

表 5 - 9　　　　　　　山西省金融保险业对第三产业贡献度

年度	金融保险业增加值	第三产业增加值	金融保险占第三产业增加值比重	金融保险业要素贡献率	金融保险拉动第三产业增长	金融保险弹性系数
1978	1. 70	18. 30	0. 09			
1979	1. 27	19. 16	0. 07	- 0. 4976	- 0. 0234	- 5. 3569
1980	1. 81	22. 28	0. 08	0. 1730	0. 0282	2. 6076
1981	2. 12	21. 31	0. 10	- 0. 3179	0. 0139	- 3. 9107
1982	3. 63	26. 07	0. 14	0. 3165	0. 0707	3. 1772
1983	3. 88	29. 26	0. 13	0. 0779	0. 0095	0. 5598
1984	4. 27	38. 77	0. 11	0. 0414	0. 0134	0. 3120
1985	5. 83	44. 11	0. 13	0. 2926	0. 0403	2. 6557
1986	7. 87	53. 26	0. 15	0. 2228	0. 0462	1. 6845
1987	12. 02	59. 52	0. 20	0. 6627	0. 0779	4. 4830
1988	13. 71	68. 15	0. 20	0. 1953	0. 0283	0. 9667
1989	17. 78	71. 22	0. 25	1. 3244	0. 0597	6. 5843
1990	19. 70	73. 28	0. 27	0. 9325	0. 0270	3. 7362
1991	21. 58	82. 64	0. 26	0. 2015	0. 0257	0. 7496
1992	22. 44	95. 69	0. 23	0. 0653	0. 0103	0. 2501
1993	26. 56	109. 84	0. 24	0. 2917	0. 0431	1. 2442
1994	20. 25	123. 08	0. 16	- 0. 4764	- 0. 0575	- 1. 9700
1995	30. 09	142. 81	0. 21	0. 4987	0. 0799	3. 0311
1996	30. 51	158. 87	0. 19	0. 0263	0. 0030	0. 1249
1997	36. 33	180. 89	0. 20	0. 2641	0. 0366	1. 3753
1998	35. 79	203. 02	0. 18	- 0. 0242	- 0. 0030	- 0. 1203
1999	37. 69	236. 35	0. 16	0. 0570	0. 0094	0. 3231

续表

年度	金融保险业增加值	第三产业增加值	金融保险占第三产业增加值比重	金融保险业要素贡献率	金融保险拉动第三产业增长	金融保险弹性系数
2000	41.32	261.26	0.16	0.1454	0.0153	0.9118
2001	45.10	292.37	0.15	0.1216	0.0145	0.7690
2002	39.62	316.96	0.13	−0.2227	−0.0187	−1.4436
2003	35.39	351.39	0.10	−0.1230	−0.0134	−0.9842
2004	30.34	378.47	0.08	−0.1862	−0.0144	−1.8494
2005	32.32	413.97	0.08	0.0557	0.0052	0.6941
2006	36.28	453.21	0.08	0.1009	0.0096	1.2921
2007	39.56	499.78	0.08	0.0705	0.0072	0.8804

从表 5-9 中数据可以看出，金融保险业增加值占第三产业比重，在 20 世纪 80 年代初为 8%，90 年代初期达到 27%，90 年代前呈现上升状态，90 年代后特别是从 1995 年起，呈现持续下降状态，2004—2007 年连续四年均为 8%。金融保险业对第三产业增长的贡献率呈现一种正负交替的不稳定状态，在 1995 年前，除个别年份贡献份额较高，达 50% 以上外，其余年份贡献率均在 30% 以下，从 1995 年起，呈现持续下降状况，贡献率大多不超过 15%，一些年份贡献率仅为个位数，在 2002—2004 年，连续呈现负贡献率状况。金融保险业拉动第三产业增加值实际增长，30 年间一直在 10% 以下，2000 年以后，不超过 2%，2002—2004 年呈现负值。金融保险业弹性系数，在 1995 年后的 12 年间，大于 1 的只有两年，呈现负值的就有四年，其余六年均小于 1，说明金融保险业和第三产业中其他行业相比并没有领先发展。

从数据总体观察，各指标从 1995 年开始，指标值开始呈现持续下降的状态，表明金融保险业对第三产业发展的贡献在降低，金融保险业发展落后于第三产业的总体发展。而 1995 年也正是我国开始实施市场经济体制的第一年，各指标值从 1995 年开始衰退，说明山西省在建立和完善社会主义市场经济体制过程中，对金融保险业的发展没有给予极大的重视和支持。金融保险业相对于第三产业中其他行业不但没有领先发展，反而滞后于第三产业的平均发展水平。

5.3　金融支持三次产业结构优化的实证检验

我们选取衡量一国金融结构与金融发展水平的金融相关比率作为主要的金融观测指标，将其代入模型，进行计量分析，检验其对三次产业产值，进而对产业结构优化的重要作用。

5.3.1　金融相关比率的计算

金融相关比率（Financial Irrelative Ratio，FIR）指全部金融资产价值与全部实物资产（国民财富）价值之比。FIR 被认为是衡量金融上层结构相对规模的最广义指标，其在存量上体现为金融资产存量与实物资产存量之比，在流量上体现为金融资产的新发行额与国民生产总值之比，这里我们选取流量指标进行统计计算。戈德史密斯把全部金融资产分为债权和股权两类，把债权细分为社会对金融机构的债权和社会对非金融机构的债权，同时认为存款是对金融机构的债权而贷款则是对非金融机构的债权。我们沿用这一观点，将金融机构各项存、贷款统一纳入金融资产的统计范围。值得注意的是，国内学者在计算 FIR 时普遍没有考虑国民财富（用 GDP 替代）为流量指标，而金融工具发行额的数据多为存量形式，从而造成 FIR 成倍扩大。为排除市场波动对研究的影响，我们选取股票市场筹资额作为观测指标，并加入了证券基金的统计。从表 5 - 10 看，中国金融资产总量占实体经济的比重呈总体上升趋势。1996—2007 年 FIR 增长了 51.67%，年均增速 4.31%，即金融上层结构增速比实体经济每年都要快 4 个百分点以上，表明我国金融深化程度日益加强。受次贷危机影响，中国金融资产规模在 2008 年出现了与 1997 年类似的缩水情况。比较发现，金融资产总量在 1997 年下降 6.04%，但在 2008 年仅下降 1.63%，表明经过十年的发展，我国金融业抵御全球性金融危机的能力有所增强。

表 5 - 10　　　　中国金融相关比率（FIR）统计表　　　单位：亿元

项目 \ 年度	1996	1997	1998	1999	2000	2001	2002	2003	2004	2005	2006	2007	2008
一、国内金融资产（1 + 14）	36192	34556	40084	43288	54338	52294	71590	93822	76221	94038	124588	181673	174908
1. 对国内的总债权（2 + 8）	35767	33262	39242	42343	52235	51042	70628	92464	74710	92155	118994	172993	171631
2. 对国内金融机构债权（3 - 7）	22406	19470	23124	25825	32145	30892	43979	55175	48185	64022	72728	109243	105698
3. 货币供应量（M_1）	4527	6312	4128	6883	7310	6724	11010	13237	11851	11309	18749	26491	13698
4. 各项存款	15215	13529	14378	14394	17488	20622	28675	36976	32824	47021	47807	53035	77393

续表

年度 项目	1996	1997	1998	1999	2000	2001	2002	2003	2004	2005	2006	2007	2008
5. 有价证券及投资	1511	−445	4426	4407	7153	3009	3306	3833	963	4083	4549	23299	2512
6. 金融债券	807	−45	26	−5	−9	24	44	302	2109	1000	910	5022	9347
7. 保险准备金	346	119	166	146	203	513	944	827	438	609	713	1396	2748
8. 对国内非金融机构债权（9－13）	13361	13792	16118	16518	20090	20150	26649	37289	26525	28133	46266	63750	65933
9. 各项贷款	11140	11051	11524	10722	12884	12557	19228	29968	18795	18272	31442	39467	42302
10. 政府债券	1952	2486	3891	4015	4657	4884	5929	6280	6924	7042	8883	7981	8558
11. 企业债券	269	255	148	158	83	147	325	358	327	2046	3938	7683	8731
12. 基金			555	1623	2466	2562	1167	683	479	773	2003	8619	6342
13. 股票	425	1294	842	945	2103	1252	962	1358	1511	1883	5594	8680	3277
二、国外金融资产（15－17）	6342	5409	−188	1328	892	7046	6566	12264	24987	21135	22645	44411	47487
14. 对外直接投资	3159	3451	3400	3058	3100	3089	3869	3906	4399	5480	4538	9240	5665
15. 证券投资	145	575	−309	−929	−330	−1605	−855	945	1630	−399	−5384	1421	2755
16. 其他投资	145	−2284	−3611	−1699	−2608	1396	−340	−486	3139	−325	1057	−5303	1347
17. 货币当局国外金融资产	2893	3667	331	898	730	4166	3891	7900	15819	16379	22434	39053	37720
货币黄金	0	0	0	0	0	244	81	0	0	0	0	0	0
其他国外资产	74	348	−108	−75	−23	−117	553	165	−280	179	213	8245	3265
外汇	2819	3319	439	973	753	4039	3257	7735	16099	16200	22221	30808	34455

续表

项目 \ 年度	1996	1997	1998	1999	2000	2001	2002	2003	2004	2005	2006	2007	2008
三、金融资产总量（一＋二）	42534	39965	39896	44616	55230	59341	78155	106086	101208	115173	147233	226084	222395
四、国内生产总值（GDP）	71177	78973	84402	89677	99215	109655	120333	135823	159878	183217	211924	249530	300670
金融相关比率（FIR）（三/四）	0.60	0.51	0.47	0.50	0.56	0.54	0.65	0.78	0.63	0.63	0.69	0.91	0.74

注：本表中金融资产相关数据均为当年发生额，3、4、5、6、9、17分别选取人民银行网站中"货币供应量"、"全金融机构本外币信贷收支表"、"货币当局资产负债表"中的相关统计指标；7选取中国保险监督管理委员会网站中各年度保费收入指标；10选取财政部网站公布的各年度内债发行额；11、12、13分别选取《中国证券期货统计年鉴2007》中企业债券发行额、证券投资基金成交额及股票市场筹资额等年度统计指标；14、15、16分别选取国家外汇管理局官方网站各年度"中国国际收支平衡表"相关数据，并根据年度汇价均价，折合人民币进行统计，由于2008年相关数据不可得，取2008年1～6月份数据双倍进行了估计；四选取《中国统计年鉴2008》各年度GDP数据，表中部分2008年数据由于官方还未公布，由新华网、腾讯网和证券之星网站相关数据整理而来。

5.3.2 三次产业结构的比较分析

1. 产业结构优化的内涵

产业结构优化是指推动产业结构合理化和高级化发展的过程，是实现产业结构与资源供给结构、技术结构、需求结构相适应的状态。具体来说包括三层含义：产业结构优化是一个动态过程，是产业结构逐步趋于合理、不断升级的过程；产业结构优化原则是产业间协调发展和最高效率原则；产业结构优化的目标是资源配置最优化和宏观经济效益最大化。从产业结构优化的对象角度来看，产业结构优化的内容包括：（1）供给结构的优化，即在一定价格条件下，对作为生产要素的资本、劳动力、技术、自然资源等在国民经济各行业间可以供应的比例进行结构性调整。（2）需求结构的优化，即在一定收入水平下，对政府（公共）需求结构、企业需求结构、家庭需求结构及各种需求比例进行结构性调整。（3）国际贸易结构的优化，即对国民经济各产业产品或服务的进出口比例进行结构性调整。

2. 中国产业结构比较分析

目前我国人均 GDP 已经接近 3000 美元，位于钱纳里标准结构的第四组，处于产业结构调整与优化的战略时期。但遗憾的是我国第一产业效率不高，第二产业超重发展，第三产业发展不足，与发达国家及标准产业结构相比存在一定差距。

从 2000 年到 2005 年的统计情况看（见表 5－11），无论是产值还是就业分布，西方发达国家的产业结构基本呈现"三、二、一"的均衡发展格局，而我国产业结构从产值上呈现"二、三、一"，但从就业分布上又呈现"一、三、二"的不平衡发展格局，且这种失衡结构在六年间并未发生根本性变化。2005 年，中国劳动力占第一产业中的比重为 44.8%，是美国的 28 倍，但第一产业产值占 GDP 的份额却只有 12.5%，仅相当于美国的 9.6 倍，表明我国仍然处于现代化工业部门与传统农业部门并存的二元化经济结构且第一产业投入产出效率较低。受固定资产投资拉动等因素影响，近年来我国第二产业呈现超重发展格局，2004 年、2005 年和 2006 年产值占 GDP 的比重分别达到 45.9%、46.2% 和 47.3%，远高于发达国家的平均水平。2005 年中国第三产业产值占 GDP 的份额为 40.1%，比德国低 29.3 个百分点，比印度低 14.3 个百分点。此外，2005 年第三产业劳动力占比为

31.4%，到 2007 年仅达到 32.4%，远低于西方发达国家水平。从表 5 - 11 中我们还注意到，2005 年与 2000 年相比，中国劳动力分布在第一产业下降 5.2 个百分点的同时，在第二产业增加了 1.3 个百分点，在第三产业增加了 3.9 个百分点。这种经济现象也验证了刘易斯二元经济结构理论，即发展中国家通过扩张工业部门来吸收农业中的过剩劳动力，促进工业的增长与发展，以此消除工农业内部的结构失衡。

表 5 - 11　　中国与部分国家 GDP 产值构成和三次产业的就业分布比较

单位：%

年度指标 年份 国家	第一产业占 GDP 的份额		第二产业占 GDP 的份额		第三产业占 GDP 的份额		劳动力在第一产业中的比重		劳动力在第二产业中的比重		劳动力在第三产业中的比重	
	2000	2005	2000	2005	2000	2005	2000	2005	2000	2005	2000	2005
美国	1.2	1.3	24.2	22	74.6	76.7	2.6	1.6	23.2	20.6	74.3	77.8
日本	1.8	1.7	32.4	30.2	65.8	68.1	5.1	4.4	31.2	27.9	63.1	66.4
德国	1.3	0.9	30.3	29.7	68.5	69.4	2.7	2.4	33.1	29.7	64.1	67.8
中国	14.8	12.5	45.9	47.3	39.3	40.1	50.0	44.8	22.5	23.8	27.5	31.4
韩国	4.9	3.4	40.7	40.3	54.4	56.3	10.6	7.9	28.1	26.8	61.2	65.1

注：美国、日本无 2005 年 GDP 分产业构成数据，用 2004 年数据替代，进行比较分析。

3. 区位商及区域产业结构比较分析

由于我国区域间产业结构存在较大差异，考虑地缘性特点，本书引入区位商测度指标，对区域间产业结构进行更深一步的比较和量化分析，为产业政策及其实施提供借鉴。

（1）区位商及计算方法

区位商指一个地区特定部门的产值或就业人数在该地区总产值或就业人数中的比重与全国该部门产值或就业人数在全国总产

值或就业人数中所占比重之比,是一个产业结构测度指标,表达
式为

$$LQ_{ij} = \frac{L_{ij} / \sum_{j=1}^{m} X_{ij}}{\sum_{i=1}^{n} L_{ij} / \sum_{i=1}^{n} \sum_{j=1}^{m} L_{ij}}$$

$LQ > 1$,意味着本地产出大于本地需求,商值大于 1 的部分
将出口到区外,同时也表明该产业在该地区的专业化程度较高,
超过全国平均水平,具有行业比较优势。LQ 值越大,专业化程
度也就越高,比较优势也就越大,反之则相反。三次产业区位商
按产值计算,结果见表 5 - 12。

表 5 - 12 　　　　　　　2007 年中国三次产业区位商比较　　　　单位:亿元,%

	国内生产总值	第一产业		第二产业		第三产业	
		产值	比例	产值	比例	产值	比例
全国	249529	28095	11.26	121381	48.64	100053	40.10
东部地区	152346	10488	6.88	78406.4	51.47	63451.8	41.65
东部区位		0.61		1.06		1.04	
中部地区	52040	7597	14.60	25734.6	49.45	18708.5	35.95
中部区位		1.30		1.02		0.90	
西部地区	47864	7645	15.97	22172.1	46.32	18046.9	37.70
西部区位		1.42		0.95		0.94	
东北地区	23373	2832	12.12	12024.1	51.44	8516.5	36.44
东北区位		1.08		1.06		0.91	
上海	12188	101.8	0.84	5678.51	46.59	6408.5	52.58
上海区位		0.07		0.96		1.31	
北京	9353.3	101.2	1.08	2509.40	26.83	6742.66	72.09
北京区位		0.09		0.55		1.80	
山西	5733.3	269.6	4.70	3438.58	59.98	2025.09	35.32
山西区位		0.42		1.23		0.88	

	国内生产总值	第一产业		第二产业		第三产业	
		产值	比例	产值	比例	产值	比例
河南	15012	2217	14.77	8282.8	55.17	4511.9	30.05
河南区位		1.31		1.13		0.75	
陕西	5465.7	592.6	10.84	2964.56	54.24	1908.6	34.92
陕西区位		0.96		1.12		0.87	
辽宁	11023	1133	10.28	5853.1	53.10	4036.99	36.62
辽宁区位		0.91		1.09		0.91	
四川	10505	2032	19.34	4641.3	44.18	3832	36.48
四川区位		1.72		0.91		0.91	

（2）区域三次产业结构的比较分析

由表5－12可以看出，东部地区产业结构较为合理，第一产业只占很小比例，第二产业和第三产业的区位商分别为1.06和1.04。这种结构形态既印证了"配第—克拉克定理"，也符合绝大多数发达国家现代化经济结构的发展规律。相比之下，中部、西部地区第一产业区位商高达1.30、1.42，第三产业区位商只有0.90、0.94，表明中西部地区二元经济结构明显，第三产业发展水平偏低。从省（市）的情况看，四川、河南两省的第一产业产值区位商分别高达1.72和1.31，相应的第三产业区位商只有0.91、0.75，表明两省在发展第一产业的同时，第三产业发展相对滞后。山西省第二产业区位商高达1.23，第三产业区位商只有0.88，反映出全省经济结构超重发展，产品外销区位的需求强烈，产业外部适应性较弱。

总的来讲，我国产业结构长期以来发展不合理，需要加强宏观调控力度，缩短调整进程，尽快实现二元经济向一元经济转轨。有关部门在制定和实施宏观调控政策时，应注重地缘性特点，缩短政策时滞，提高政策实效，实现区域间三次产业供给结构、需求结构和贸易结构的全面优化。

5.4 加入金融发展因素的三次产业产值模型

根据产业结构优化理论，从供给结构、需求结构、国际贸易结构三方面选取观测指标。选取三次产业的就业人口、金融相关比率和财政支出总额作为供给结构观测指标；选取三次产业城镇新增固定资产、三次产业城镇单位就业人员平均劳动报酬和居民消费水平作为需求结构观测指标；由于分行业统计资料缺乏，选取进出口总额作为国际贸易结构的观测指标。为研究各影响因素对产业结构的弹性作用，将三次产业产值作为因变量，上述 7 个影响因素作为自变量，初步设定三次产业产值的对数线性模型：

$$
\begin{aligned}
\ln(STR) = {} & \beta_0 + \beta_1 \ln(FP) + \beta_2 \ln(FIR) + \beta_3 \ln(IC) \\
& + \beta_4 \ln(IT) + \beta_5 \ln(AR) + \beta_6 \ln(PC) \\
& + \beta_7 \ln(FA)
\end{aligned}
$$

根据《中国统计年鉴 2008》相关资料，得到 1996—2007 年的年度资料如表 5 - 13 所示。其中，STR1、STR2、STR3 分别代表三次产业的国内生产总值，FP 为财政支出，FIR 为金融相关比率，IC 为居民消费水平，IT 为进出口总额，AR1、AR2、AR3 分别代表三次产业城镇单位就业人员的平均劳动报酬，PC1、PC2、PC3 分别代表三次产业的就业人口，FA1、FA2、FA3 分别代表三次产业的城镇新增固定资产。

表5－13 三次产业国内生产总值及影响因素指标

年度	第一产业国内生产总值 (亿元) STR1	第二产业国内生产总值 (亿元) STR2	第三产业国内生产总值 (亿元) STR3	财政支出总额 (亿元) FP	金融相关比率 FIR	居民消费水平 (元) IC	进出口总额 (亿元) IT	第一产业城镇单位就业人员平均劳动报酬 (元) AR1	第二产业城镇单位就业人员平均劳动报酬 (元) AR2	第三产业城镇单位就业人员平均劳动报酬 (元) AR3	第一产业就业人口 (万人) PC1	第二产业就业人口 (万人) PC2	第三产业就业人口 (万人) PC3	第一产业城镇新增固定资产 (亿元) FA1	第二产业城镇新增固定资产 (亿元) FA2	第三产业城镇新增固定资产 (亿元) FA3
1996	14015	33835	23326	7938	0.60	2789	24134	3814	5348	5490	34820	16203	17927	61	2771	3298
1997	14442	37543	26988	9234	0.51	3002	26967	3945	5704	6025	34840	16547	18432	83	3221	4140
1998	14818	39004	30580	10798	0.47	3159	26850	4358	6249	6750	35177	16600	18860	110	3511	4880
1999	14770	41034	33873	13188	0.50	3346	29896	4878	6501	7531	35768	16421	19205	209	3631	5679
2000	14945	45556	38714	15887	0.56	3632	39273	5536	7040	8051	36043	16219	19823	213	3743	6476
2001	15781	49512	44362	18903	0.54	3869	42184	5654	7779	8824	36513	16284	20228	190	3375	6548
2002	16537	53897	49899	22053	0.65	4106	51378	6415	8403	9012	36870	15780	21090	239	3882	7868
2003	17382	62436	56005	24650	0.78	4411	70484	6884	14050	16524	36546	16077	21809	375	10402	17886
2004	21413	73904	64561	28487	0.63	4925	95539	7497	16287	18637	35269	16920	23011	459	13896	20377
2005	22420	87365	73433	33930	0.63	5463	116922	8207	18811	21339	33970	18084	23771	609	19096	25501
2006	24040	103162	84721	40423	0.69	6138	140971	9269	21735	24359	32561	19225	24614	807	25281	30203
2007	28095	121381	100054	49781	0.91	7081	166740	10847	25320	28627	31444	20629	24917	1095	31829	34444

注：金融相关比率使用表5－10的计算结果，其余指标分别来源于《中国统计年鉴2008》中的统计表2－1、7－1、2－24、17－3、4－3、5－20及《中国统计年鉴2003》中的部分数据。由于城镇单位就业人员平均劳动报酬和三次产业城镇新增固定资产采用国际口径统计，本书将农、林、牧、渔业作为第一产业，将采矿业、制造业、电力、燃气及水的生产和供应业及建筑业作为第二产业进行统计，其余行业作为第三产业进行了分类统计。

本书拟对三次产业分别建立产值模型，进行实证检验，下面以第三产业为例。

直接使用普通最小二乘法进行线性回归发现，自变量之间存在严重的多重共线性。为提高模型稳定性，拟采用主成分回归方法对多维因素做降维处理。SPSS13.0 统计分析软件的运算结果显示，KMO 值为 0.739，巴特利特球度检验统计量的观测值为 144.70，相应的概率 P 值为 0.000，表明适合进行因子分析，分析结果如表 5 – 14 所示。

表 5 – 14　　　　　　　　　因子方差贡献率

因子	特征根	方差贡献率（%）	累计方差贡献率（%）
1	6.083	86.903	86.903
2	0.429	6.129	93.032
3	0.306	4.368	97.400
4	0.159	2.270	99.670
5	0.016	0.222	99.892
6	0.007	0.098	99.990
7	0.001	0.010	100.000

从表 5 – 14 可以看出，前两个公共因子解释了原有 7 个自变量 93.03% 的信息，提取 2 个公共因子进行分析。由于因子载荷矩阵的实际意义不很清楚，使用 varimax 旋转，得到旋转后的因子载荷矩阵如表 5 – 15 所示。

表 5 – 15　　　　　　　　旋转后的因子载荷矩阵

变量	公共因子 1（FAT1）	公共因子 2（FAT2）
财政支出总额（FP）	0.853	0.484
金融相关比率（FIR）	0.851	0.248
居民消费水平（IC）	0.870	0.372

变量	公共因子1（FAT1）	公共因子2（FAT2）
进出口总额（IT）	0.817	0.562
第三产业城镇单位就业人员平均劳动报酬（AR3）	0.799	0.571
第三产业就业人口（PC3）	0.350	0.916
第三产业城镇新增固定资产（FA3）	0.812	0.547

从表5-15可以看出，公共因子1（FAT1）在财政支出、金融相关比率、居民消费水平、进出口总额、第三产业城镇单位就业人员平均劳动报酬和第三产业城镇新增固定资产上有较大载荷，命名为"经济拉动因子"；公共因子2（FAT2）在第三产业就业人口上有较大载荷，命名为"劳动力供给因子"。

采用前进法，得到第三产业产值与FAT1、FAT2的线性回归方程：

$$\ln(STR3) = 10.765 + 0.391\ln(FAT1) + 0.240\ln(FAT2)$$

复决定系数 $R^2 = 0.971$，调整的复决定系数 $R_\alpha^2 = 0.964$，表明模型拟合程度很好。DW = 1.010，排除了序列相关，方程整体 sig 值为0.00，在 α 进 = 0.05 的水平下，模型通过检验。将两个主成分转换为原始变量的线性回归，得到第三产业产值的回归方程为

$$\ln(STR3) = 0.131\ln(FP) + 0.402\ln(FIR)$$
$$+ 0.251\ln(IC) + 0.107\ln(IT)$$
$$+ 0.123\ln(AR) + 0.401\ln(PC)$$
$$+ 0.089\ln(FA) + 0.525$$

用同样方法得到第一产业和第二产业产值的回归方程：

$$\ln（STR1）=0.048\ln（FP）+0.169\ln（FIR）$$
$$+0.079\ln（IC）+0.055\ln（IT）$$
$$+0.096\ln（AR）-1.557\ln（PC）$$
$$+0.035\ln（FA）+23.385$$

复决定系数 $R^2=0.968$，调整的复决定系数 $R_\alpha^2=0.961$，表明模型拟合程度很好。$DW=1.993$，排除了序列相关，方程整体 sig 值为 0.00，在 α 进 $=0.05$ 的水平下，模型通过检验。

$$\ln（STR2）=0.105\ln（FP）+0.235\ln（FIR）$$
$$+0.169\ln（IC）+0.097\ln（IT）$$
$$+0.122\ln（AR）+0.973\ln（PC）$$
$$+0.081\ln（FA）-3.747$$

复决定系数 $R^2=0.992$，调整的复决定系数 $R_\alpha^2=0.990$，表明模型拟合程度很好。$DW=1.329$，排除了序列相关，方程整体 sig 值为 0.00，在 α 进 $=0.05$ 的水平下，模型通过检验。

5.5　银行信贷资金对现代服务业支持的实证研究

当前现代服务业获得金融支持的方式主要集中于银行信贷资金，银行信贷资金中一部分直接投向现代服务业，直接促进现代服务业发展，这部分贷款规模较小；另外一部分投向第二产业、传统服务业等行业，通过行业链传导带动现代服务业的发展。以2009 年为例，2009 年末贷款行业分布中，9% 直接投向现代服务业，50% 投向了第二产业（见图 5 - 10）。银行信贷作为金融支持现代服务业发展的重要组成部分，我们认为其主要通过直接和间接两方面促进现代服务业的大发展。

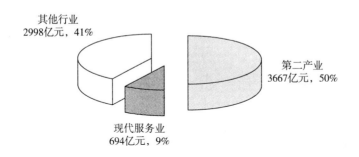

其他行业
2998亿元，41%

第二产业
3667亿元，50%

现代服务业
694亿元，9%

图 5－10　2009 年末贷款行业投向

　　为此，我们进一步对银行信贷资金对现代服务业发展支持进行实证分析。考虑到数据的可获得性，本节中，我们将第三产业增加值中扣除交通运输、仓储和邮政业，批发零售、住宿和餐饮业后作为现代服务业增加值（CMGDP），银行信贷资金采用历年末贷款余额（LOAN），数据区间为 1993—2008 年，将现代服务业增加值（CMGDP）作为因变量、贷款余额（LOAN）作为自变量进行回归分析。为消除数据中可能存在的异方差，对样本数据进行对数处理，对数处理后的现代服务业增加值用 LCMGDP 表示，贷款用 LLOAN 表示（数据来源：《服务业发展六十年》）。

　　首先作现代服务业增加值（LCMGDP）与贷款（LLOAN）的散点图（见图 5－11），从图中可以看出现代服务业增加值（LCMGDP）与商业贷款（LLOAN）存在较为明显的线性关系。

　　为避免出现"伪回归"现象，检验序列现代服务业增加值（LCMGDP）与贷款（LLOAN）的平稳性，从图 5－12 和图 5－13 可以看出，LCMGDP、LLOAN 显然不平稳。

　　对其分别进行一次差分后，从图 5－14 和图 5－15 可以看出

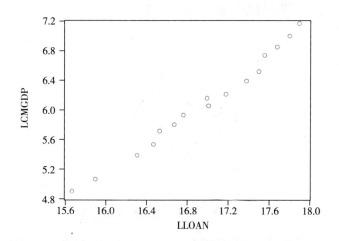

图 5 – 11　序列 LCMGDP 与 LLOAN 的散点图

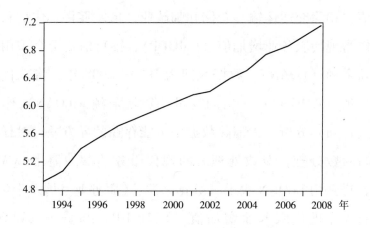

图 5 – 12　序列 LCMGDP 的折线图

序列现代服务业增加值（DLCMGDP）与商业贷款（DLLOAN）呈现平稳性。

　　进一步利用 ADF 方法对两序列数据及其一阶差分序列的平稳性进行检验，检验结果如表 5 – 16 所示。

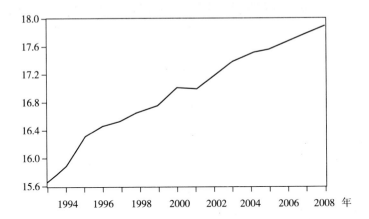

图 5 – 13　序列 LLOAN 的折线图

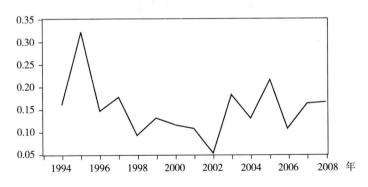

图 5 – 14　序列 DLCMGDP 的折线图

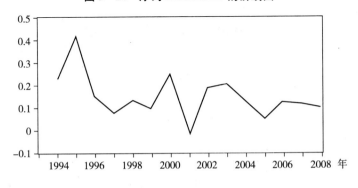

图 5 – 15　序列 DLLOAN 的折线图

表 5 - 16 山西省现代服务业增加值、贷款的平稳性检验

变量	ADF 检验			
	形式	ADF 值	临界值	
LCMGDP	C, T, 2	- 2.0277	- 3.3630 ***	不平稳
DLCMGDP	C, T, 0	- 3.6423	- 3.3423 ***	平稳
LLOAN	C, T, 0	- 3.1639	- 3.3250 ***	不平稳
DLLOAN	C, T, 0	- 3.9455	- 3.7912 **	平稳

注: * 、 * * 、 * * * 分别表示在 1% 、5% 、10% 的显著水平；临界值由软件 EViews5.0 给出；其中 C 和 T 表示带有常数项和趋势项，K 为滞后阶数，由 EViews 根据 AIC 和 SC 值最小准则自动确定。

ADF 单位根检验的结果表明，现代服务业增加值（LCMG-DP）与商业贷款（LLOAN）两序列数据不平稳，其一阶差分后的序列 DLCMGDP 与 DLLOAN 是平稳的，所以现代服务业增加值（LCMGDP）与商业贷款（LLOAN）两序列均为一阶单整。

图 5 - 11 和图 5 - 12 表明，序列现代服务业增加值（LCMG-DP）与贷款（LLOAN）有大致相同的增长和变化趋势，说明二者可能存在协整关系。在此，我们进一步用 Johansen 检验法检验两变量之间是否存在协整关系。Johansen 协整检验结果见表5 - 17。

表 5 - 17 序列 LCMGDP 与 LLOAN 协整检验结果

协整方程数目	特征值	迹统计量	5% 水平临界值	概率
None	0.639172	13.29084	15.49471	0.1046
At most 1	0.003012	0.039220	3.841466	0.8430
协整方程数目	特征值	最大特征值统计量	5% 水平临界值	概率
None	0.639172	13.25162	14.26460	0.0718
At most 1	0.003012	0.039220	3.841466	0.8430

Johansen 协整检验结果表明，序列现代服务业增加值（LC-MGDP）与贷款（LLOAN）之间无协整关系，对二者建立计量模

型不具有统计意义。下面我们对现代服务业增加值增长率（DL-CMGDP）和贷款增长率（DLOAN）进行分析。首先对二者进行单位根检验：

表 5 –18　　　序列 DLCMGDP 与 DLOAN 单位根检验结果

变量	ADF 检验			
	形式	ADF 值	临界值	
DLCMGDP	C，T，0	– 3.622302	– 3.0989	平稳
DLOAN	C，T，0	– 3.34771	– 3.0989	平稳

单位根检验结果表明，两个变量均为平稳过程，因此下面直接用这两个变量建立计量模型：

$$DLCMGDP = 0.1104 + 0.3281DLOAN$$

$$（3.85305）（2.3651）$$

模型中括号内为回归系数的 t 值。从回归模型来看，贷款增长率对现代服务业增长有显著的促进作用，贷款增长率每增长 1 个百分点，现代服务业将平均增加 0.3281 个百分点。

6 结论与展望

6.1 金融支持现代服务业发展的主要结论与路径选择

现代服务业在当代世界经济中的地位和作用日益突出，不但成为经济发展的主要动力，其兴旺发达程度也是衡量一个经济体在全球经济格局中的竞争力与话语权的重要标志。现代经济的增长愈发得益于现代服务业对于诸多产业信息化、高技术和服务化的改造和升级。现代服务业是国家现代化程度的重要标志，是反映一个国家或地区综合实力的重要内容，同时也是实现经济可持续发展的重要力量。加快发展现代服务业，对于推进产业结构调整，加快经济发展方式转变，保持我国经济长期平稳较快发展和社会全面进步，有着十分重要的意义。2010年中央经济工作会议明确提出要把扩大消费作为拉动经济发展、保持经济持续稳定增长的重要力量。"十二五"规划中把推动服务业大发展提升到"作为产业结构优化升级的战略重点"的高度。服务业是提供消费的主要产业，发展现代服务业是扩内需、调结构的关键举措。提升传统服务业是服务业现代化转型升级的必由之路，是服务业提升核心竞争力的客观要求。目前推进传统服务业的现代化与加快新兴服务业发展是驱动我国现代服务业发展必不可少的两个轮子，要实施双轮驱动的发展战略，积极推动新兴服务业的跨越式发展。要运用现代经营方式和信息技术改造金融、物流、商业、旅游、教育、医疗等传统服务业，改善服务手段，拓展服务领域，丰富服务内容，实现传统服务业的网络化、集成化和现代化。随着市场经济的发展，金融业日益成为现代服务业发展的血脉和核心，其服务效率和水平对产业结构调整优化升级和转变经济增长方式意义深远。如果没有一个功能强大的现代金融体系作为支撑，区域产业调整和经济增长都会受到严重影响。

6.1.1 金融支持现代服务业发展研究的主要结论

在我国产业结构乃至经济结构的调整过程中，金融政策具有重要意义。特别是大量现代服务业的相关企事业单位的调查表明，银行信贷在我国全社会资金中占据主体地位。在我国的融资体系中存在一些问题，比如，现代服务企业融资以银行信贷为主，存在申请贷款时间长、难度大、担保费用高、抵质押物无法解决等问题，资本市场对现代服务业的支持作用不够明显；中部落后地区现代服务业规模普遍较小，吸引、利用直接投资、外资的能力比较弱，无法实现第三产业的整体跨越式发展。在对金融支持产业结构调整进而现代服务业发展的研究中，主要有以下几个观点和结论：

1. 北京、上海等发达地区，利用总部优势大力发展了现代服务业，产业结构比较合理。中西部地区二元经济特征明显，第三产业发展滞后。产业调整政策在制定和实施中，应充分考虑地缘性特点，既要进行整体调节，也要注重局部特点。

2. 财政支出、金融相关比率、居民消费水平、进出口总额、产业内平均劳动报酬、就业人口和新增固定资产与三次产业产值之间具有较好的拟合优度，其中金融相关比率与产业内就业人口对三次产业产值的影响最大，表明我国要素供给结构对产业结构优化的调整力度最为显著。

3. 货币政策的制定和实施要与产业政策相结合，金融宏观调控部门应相对扩大对中西部地区第三产业的金融支持，地方政策部门应加紧制定有利于第三产业发展的就业政策，共同推动落后地区产业结构调整，促进第三产业快速发展。

4. 现代服务企业的金融支持模式应该以政府主导型金融为主，辅以市场支持。在金融支持模式上，以日本为代表的政府主导型金融支持模式，以政策性金融的信贷资金支持现代服务业发展，推动了产业政策的深入实施和产业结构的全面优化；以美国为代表的市场主导型金融支持模式，充分利用了商业银行信贷和发达金融市场的融资作用，依托风险投资基金等新型金融组织和发达的金融市场，促进高新技术产业发展，再通过一浪接一浪的兼并重组，实现了高新技术、高端教育、科学、卫生、文化等行业的迅猛发展。从效率的角度讲，市场主导型金融支持模式把众多的现代服务企业纳入了近似于完全竞争的市场当中，降低了现代服务企业的融资成本，促进资金价格与资金边际成本对等，提高了融资效率。从公平的角度来讲，政府主导型金融支持模式主要可以弥补现代服务业发展初期，行业利润低、风险大、产权不清等原因导致的市场资金支持弱化的问题。通过政策性金融支持，克服市场失灵，在利率定价上对现代服务业实施低利率支持政策，使政策性金融的平均利润接近或等于平均成本，为发展初期的现代服务业提高宽松、充裕、公平的资金环境，促进其快速发展。

选择不同的金融运行政策除历史传统外，还有企业和金融机构的融资习惯和传统。美国企业一半以上是自有资金，金融对其的支持更多体现为调节和促进作用；日本企业更多依靠银行信贷，金融对其的支持是直接的、主要的。我国现代服务业处于发展初期，普遍存在个数多、规模小、利润低、风险大的特点，因此应以政策性金融为主，辅以金融市场的支持。

6.1.2 金融支持现代服务业发展的路径选择

1. 全面推进金融改革创新，将金融业打造成现代服务业的高端产业。进一步深化改革，打破制约金融支持现代服务业发展的体制机制障碍。完善现代服务业的投融资机制，积极推进服务业综合改革试点，尽快突破制约现代服务业发展的制度性障碍。要加快金融改革创新步伐，促进中国金融业从渠道密集型、人脉密集型向知识密集型转型。发展和完善多层次资本市场体系，建立为创新型企业提供融资服务和企业价值评估的金融体系。一是要进一步提升银行业整体实力。积极培育银行类金融机构核心竞争力，提高银行业对经济增长的贡献率，发挥银行业在促进服务业加快发展中的作用。创造公开、公平、公正的市场竞争环境。鼓励银行类金融机构上市融资和探索推进综合化经营，积极提供综合性、多样化、优势互补的金融服务。引导银行类金融机构坚持以市场需求为导向，整合营业网点，拓展电子服务渠道，优化业务流程，积极加强和改进对客户的全方位金融服务。倡导银行业实施品牌战略，提升银行业服务质量，规范服务行为，完善服务机制。探索建立有利于服务业发展的商业银行社会责任评价体系，积极引导资金流向加快发展服务业的领域。二是要进一步提升证券业的综合竞争力。适当放松管制措施，抓紧落实基础性制度，丰富证券市场产品，继续发挥经纪业务、自营业务、承销业务、资产管理业务等传统业务的支撑作用，提高综合经营水平。积极引导和支持证券公司在风险可测、可控的前提下开展创新活动，增强自主创新能力，提高核心竞争力，改善盈利模式，提高直接融资比重。推动基金管理公司组织制度创新和业务创新，完善产品结构，提高公司的核心竞争力。加强对证券公司、基金管理公司和期货经纪公司的监管和指导，提升安全运行水平、优质服务水准和市场运作效率。继续加强市场稽查和执法工作，加大对证券业违法违规行为的查处力度，切实保护投资者合法权益。三是要进一步促进保险业加快发展。因势利导，推动国有保险公司重组改制，深化保险资产管理体制改革，推进保险业综合经营试点，促进保险机构产品和服务创新，完善保险市场准入、退出机制，健全保险市场体系。完善责任保险配套法规体系，积极采取市场运作、政策引导、政府推动等方式，加快发展责任保险。支持保险机构投资医疗机构，探索保险机构参与新型农村合作医疗管理的有效方式，加快发展健康保险。完善商业养老保险税收政策，支持保险机构参与企业年金市场，发挥商业保险在完善多层次社会保障体系中的作用，加快发展商业养老保险。

2. 注重区域发展特点，充分发挥金融促推现代服务业的支撑作用。西部开发、东北振兴、中部崛起为服务业加快发展提供了良好机遇。中西部及东北地区第一产业劳动力资源丰富，但第三产业发展滞后。加快发展服务业有利于促进重点区域产业结构调整和优化、实现东中西部良性互动和优势互补。通过对三次产业产值模型影响因素的横向比较，我们认为金融对第三产业的支持作用最大。相关地区应积极组建金融集群，形成区域金融中心，充分发挥区域金融中心对现代服务业的支持作用，推动其快速发展。金融机构要研究完善支持服务业发展的区域策略和激励约束机制，建立健全服务业贷款利率差别化定价机制，注意发挥重点区域的区位优势和特色产业的辐射拉动作用，推动餐饮、商贸、旅游等传统服务业改造升级，培育信息服务、环保服务、中介服务等现代服务业发展壮大，促进产业关联度高的生产性服务业和带动效应强的消费性服务业加快发展，推进重点区域第一、第二、第三产业统筹协调发展。

3. 完善信贷政策，鼓励金融机构研发支持现代服务业发展的新型金融产品。根据现代服务行业短期流动资金需求频繁的特点，鼓励金融机构多领域开发适应服务业发展的金融产品，为现代服务业企业提供融资咨询、项目评估、财务辅导、融资设计等特色服务。要引导金融机构适应金融市场的发展变化趋势，研究服务企业个性化信贷需求特征，建立符合服务业特点的内外部信用评级体系，加快开发面向服务企业的多元化、多层次信贷产品。鼓励商业银行积极开办中短期流动资金贷款，积极建立信贷审批绿色通道。大力发展针对现代服务企业客户的电子银行业务，优化对现代服务企业的结算服务，提高其资金运转效率。加快培育现代服务业信用评级市场，继续推进各类现代服务企业担保机构发展。根据不同行业特点，制定适合现代服务业发展的贷款规划，对于民办学校和小型医院，放松现有的抵押政策。针对现代服务企业资产主要以应收账款为主的特点，允许现代服务企业灵活采取应收账款质押、股权和经营权质押、专利质押、知识产权质押等多种形式的短期质押、担保贷款。积极探索投融资改革的新路子，建立投资、财政、信贷之间相互融合、相互协调的新机制。企业之间可以采取联合担保方式，担保机构应该真正起到为中小企业服务的作用，降低收费比率和简化流程，切实发挥担保作用。尤其是政府下属的担保公司，应降低评估收费标准，商业银行应降低信贷门槛，简化贷款流程，提高办事效率，积极开办国内信用证、保理等新型融资结算业务，推动信息、科技、会展、旅游、房地产等现代服务行业健康发展。

4. 健全金融组织体系，加快推进民间资本融入现代服务业领域。稳步调整放宽农村地区银行业金融机构准入政策试点范围，加快发展适合"三农"特点的新型农村金融机构。综合运用多种货币信贷政策手段，引导农村信用社加大对农村服务业的信贷资金支持力度。鼓励农业发展银行大力支持生产型的农村服务业。全面推动小额贷款，大力扶持经营分散、资金需求规模小的农村服务业发展。加快推进农业保险法律法规体系建设，积极探索面向农村服务业的农业保险发展模式。积极研究建立国家政策支持的农业再保险体系和巨灾风险保险体系。逐步实行并推广对粮棉主产区主要农产品品种和养殖业的农业保险试点。充分发挥村镇银行、小额贷款公司、产业基金、风险投资基金等新型金融组织对现代服务企业的资金支持作用。采取由地方财政拨款等多种形式组建现代服务业发展基金和现代服务业风险投资基金，健全现代服务业风险补偿机制。拓宽小额贷款公司合作资金和融入资金的来源渠道，允许政府组织和社会团体的委托专项基金、商业银行、政策性金融机构委托转贷资金及民间资本合理流入小额贷款公司。加强小额贷款公司风险监测，制定《小额贷款公司贷款投向指引》，充分发挥小额贷款公司人缘、地缘优势，深化金融支农，突出对现代服务业的金融支撑作用，鼓励民间资本通过小额贷款公司、私募基金等合法金融机构流向附加值高、成长性好、风险较低的现代服务企业，把"地下金融"转变为"地上金融"，推动民间资本合法、合规、有序流动，发挥其对现代服务业的支持作用。

5. 突出重点，大力支持服务业关键领域和薄弱环节加快发展。大力扶持中小服务企业发展。加大面向中小服务企业的金融产品创新力度，完善信贷管理制度，加强针对中小服务企业的风险管控能力，促进中小服务企业规范可持续发展。对符合条件的中小服务企业，积极提供融资支持。进一步完善监管协调机制，加强部门间沟通合作，完善中小企业信用体系，优化中小服务企业融资环境。探索发展中小服务企业联保贷款业务。大力支持劳动密集型中小服务企业发展，充分发挥劳动密集型中小服务企业促进就业的积极作用。积极开展对信用担保机构和中小服务企业的信用评级，鼓励各类创业投资机构和信用担保机构对发展前景好、吸纳就业多以及运用新技术的中小服务企业开展业务。积极发展针对现代服务业的专业化担保公司或政策性担保公司。

加快农村信用体系建设，逐步扩大企业和个人信用信息基础数据库在农村地区的信息采集和使用范围。鼓励和引导金融机构和信用评级机构研究农村服务企业和农户信用评价体系。支持农村金融机构采用多种方式，低成本接入现代化支付系统，逐步扩展支付清算网络在农村地区的覆盖范围，为农村服务企业提供安全、高效的资金清算服务。推广农民工银行卡特色服务，改善业务管理，提高服务效率，为农民工提供方便、快捷、安全的资金汇划服务。

鼓励金融机构研发、推广科技、教育、旅游等领域的消费信贷产品，推动消费信贷市场发展，不断增加现代服务业有效需求，促进健康发展。大力支持电子商务和物流业等现代服务业发展。大力推广非现金支付工具，特别是电子支付工具，加强非现金支付法规建设，防范非现金支付风险，加快支付服务领域价格改革和市场化步伐，营造公平合理的竞争环境，促进电子商务和物流业加快发展。加快人民银行与税务、质（技）检部门相关信息系统的联网进程，为现代物流业发展提供便捷高效的服务。

大力支持服务企业"走出去"。适应国际市场竞争新形势，积极支持服务贸易发展。完善服务贸易外汇管理政策，健全服务贸易非现场监管体系，简化境内服务贸易企业对外支付手续，满足服务贸易企业合理用汇需求。对"走出去"服务企业的后续用汇及境外融资提供便利，支持有实力的中资服务企业开展境外投资和跨国经营。完善服务企业出口信贷、服务产品买方信贷政策措施，对服务贸易给予与货物贸易同等的便利和支持。鼓励政策性金融机构对列入《文化产品和服务出口指导目录》的出口项目或企业，按规定给予贷款支持，推动文化产品和服务出口。适应国际产业转移新趋势，重点支持服务外包发展，鼓励政策性金融机构在自身业务范围内积极支持服务外包发展；鼓励出口信用保险机构积极开发新型险种支持服务外包产业发展；对服务外包企业办理外汇收支提供便利，大力支持服务企业对外承揽服务外包业务。

加快金融业基础设施建设，打造支持服务业加快发展的金融服务平台。积极推进征信体系建设。完善企业和个人信用信息基础数据库，为服务企业普遍建立信用档案，充分发挥信息整合和共享功能。有效发挥政府推动作用，培育信用服务市场需求，扩大征信产品使用范围。完善市场筛选机制和市场监管体系，培养具有民族品牌、社会公信力的征信机构，形成各具特色、功能互补的征信机构体系。完善支付体系基础设施建设，督促银行加强流动性和支付风险管理，保障各类支付系统安全、高效、稳定运行。建设境内外币支付系统，为企业和个人提供低成本、高效率的外币支付服务。

6. 大力发展直接融资，努力拓宽现代服务业融资渠道。鼓励多层次拓宽服务业融资渠道。努力消除市场分隔、部门利益和地方保护对服务业发展的阻碍，促进生产要素合理流动和优化配置。加快创业板市场建设，形成高效率的场外交易市场，建立适合国情特点的多层次市场体系，拓宽服务企业融资渠道。积极支持符合条件的服务企业通过发行股票和企业债券等方式进入境内外资本市场融资。制订和完善股票和债券发行的相关规则以及信息披露准则时，要充分考虑服务企业的特点，为服务业加快发展提供直接融资便利。在符合条件的前提下，优先考虑批准服务企业集团设立财务公司等非银行金融机构。调整监管政策，鼓励信托公司、金融租赁公司等非银行金融机构为服务业提供优质高效的信托、融资租赁服务。支持保险资产管理公司扩大受托范围，培育市场竞争力和风险管控能力强的保险机构投资者。发挥民间借贷支持服务业发展的积极作用。引导外资依法进入服务业重点发展领域。此外，基于现代服务业普遍存在资产规模较小、行业风险较大的特点，建议采取由地方政府牵头，按照"统一冠名、分别负债、分别担保、捆绑发行"的模式，探索研发现代服务企业联合债券、现代服务企业应收账款资产支持债券等新型直接融资工具。完善中小企业债券信用评级制度和信用担保制度，积极支持经营效益好、偿还能力强、成长性好的中小现代服务企业集合发行短期融资券，降低企业财务成本，完善债券风险处置办法，不断满足现代服务企业短期融资需求。适应金融服务业发展形势要求，丰富和完善股票、公司债、金融衍生品等金融市场；通过建立退市制度、新股发行责任制度，促进三大类企业债券融资工具的平衡发展，协调资金在超大型企业和中小企业间的投向等。

7. 规范民间融资，创造良好的现代服务业金融生态环境。首先通过法律手段使民间融资逐步走向契约化、规范化；其次维护正常的民间融资行为，依法打击非法融资、高利贷、金融诈骗活动；最后积极完善金融中介机构，为集中运作民间资金提供有效载体，采取"官助民办"的方式，以社会资本为主、政府投资为辅。金融监管部门要本着发展中求规范的原则，对民间融资采取正确的政策引导，促进民间融资健康发展。建议尽快出台《放贷人条例》、《民间融资法》等金融法律法规，明晰民间融资双方的权利、义务、交易程序、税务管理、违约责任、监管主体及相关法律事务。在维护债权人的合法权益和防止金融诈骗的基础上，扩大小额贷款公司融资范围，探索私募基金运行机制，放宽资金融入限制，实现民间融资由直接投资到间接投资的转化，减少投资风险，为正规金融提供补充，促进现代服务业健康发展。

8. 推动金融业与产业融合，发挥金融经济与实体经济的互动效应。要积极推动金融业与产业的融合发展，充分发挥金融作为现代经济核心的作用。以公开上市、并购重组、权益投资等手段强化资本运作，以创业投资、股权投资等方式强化财富效应，以发展融资租赁、信托投资等专营机构和金融产品强化金融支持，以金融综合经营，实现"一站式"金融服务和经济效益的最大化，加快金融业从单纯的融资服务向融智融物、资源整合和价值发现等多重功能转变，实现金融业和产业发展的良性互动。同时，金融部门要进一步密切与地方政府及职能部门的联系，积极参与地方政府牵头组织的政银企联席会、项目资金对接会等，加强与地方产业政策协调力度，建立多维的沟通协调机制，助推现代服务业发展。

9. 实施金融人才战略，为推动现代服务业大发展奠定良好的人力资本基础。现代服务业提供的主要是知识产品，人才素质的高低决定产业竞争的成败，高素质的金融从业人员是增强创新供给能力和创新采纳与扩散的前提，人力资本的密集度基本上决定了金融创新的水平。要加大专业人才的吸引力度，完善人才培养和引进机制、激励机制，着力培养掌握市场规律、熟悉国际规则、具备自主创新能力的高级金融人才。大力发展拥有自主知识产权的服务技术和服务产品，要通过知识创新、技术创新和管理创新，培育和打造知名服务品牌，不断提高服务业附加值。"十二五"期间，应将培养适应国际市场竞争的高水平金融服务人才放到重要位置，努力创造吸引人才和留住人才的良好社会环境。建立专门的人才导入基金和人才发展专项资金，开通人才引进的绿色通道；建立完善各重点服务行业的人才培养系统，保证在职业务培训的制度化和梯度化；引导和建设若干个现代服务业研究中心和人才培养基地，大力提高金融系统干部队伍的综合能力和素质，增强服务意识和服务能力，为加强和改进金融服务、支持服务业加快发展提供金融人才支持。

6.2 金融支持现代服务业发展的规划与展望

6.2.1 金融支持现代服务业发展的远景规划

资本是经济建设第一推动力，现代金融是现代经济的血脉。金融服务业对现代服务业发展具有不可替代的导向、引领、支撑与促进作用。一方面，金融服务业在支持服务业发展进程中，发挥着优化资源配置的重要作用。近年来服务业在我国经济中的比重有所增加，金融业作为现代市场经济核心的作用越来越明显，已成为现代服务业中增长最为迅速的产业之一。另一方面，金融业对其他服务业的发展具有支撑和促进作用。金融业既消耗其他服务业的产品和服务，同时也向其他服务业提供丰富的金融服务。金融服务业与其他服务业关联度高，其他服务业对金融服务业提出的服务要求，数量日益增多、范围日益广泛、品种日益精细化。因此，现代服务业的腾飞，金融支持是关键，发挥金融对经济的支持作用，离不开政银企的合作。政府部门应增强服务意识，引导金融机构与现代服务企业之间的纽带桥梁作用。金融系统要从现代服务业发展的全局出发，加快形成一套着眼于服务业，配套服务业稳定健康持久发展的运行机制，建立健全支持现代服务业发展的工作机制、评价体系和考核体系。人民银行和各金融监管部门要紧密配合，加强协调，发挥推动、沟通、协调和考核的作用，从外部环境强化监督责任。金融机构要转变观念，加大支持现代服务业发展已出台政策的贯彻落实力度，针对不同行业的发展特点和资金需求，加强金融产品创新与业务协调，改进金融服务模式，为现代服务企业提供多样化、全方位、高水平的金融支持和金融服务。具体分行业情况来看：

1. 交通运输、仓储、现代物流业。交通运输行业属于公益性服务行业，经营多靠政府补贴。金融部门应根据其行业特点，创新抵押、质押方式，为相关企业提供资金支持，重点支持第三方物流、第四方物流、供应链管理、智能化仓储、绿色物流与逆向物流、物流新技术开发与应用。要加快推进现代物流业建设，逐步完善物流基础设施建设。拓展公路、铁路和空港等运输网络，以多式联运为手段，建立陆运、水运、空运等相衔接相配套的运输体系，形成以口岸和大型综合性物流基地为核心，以专业化物流中心为配套、以城市配送为延伸、以物流公共信息网络为平台的现代化物流服务体系框架。培育壮大物流企业，鼓励有实力的现代物流企业对中小物流企业进行兼并重组，促进不同行业的物流企业资源整合，促进传统物流业转型提升。促进金融、保险、电信、邮政等部门与现代物流企业结成合作联盟，开拓国内外物流市场，建立区域服务网络，加强物流信息化、网络化、标准化建设，延伸物流产业链，创立物流名牌，提高物流市场竞争力。

2. 软件、信息服务业。信息服务业是建立在计算机网络基础之上，从事信息获取、存储、处理、传递及提供利用等方面的服务行业。具体包括信息提供、信息处理、软件开发、信息集成、信息咨询等服务类。电信运营商、ICP、SP、广电运营商等大型移动网络服务商贷款需求满足程度较好，但中小型通讯公司融资意愿较难满足。要加强相关行业的信贷支持，扶持相关企业降低运营成本，提高经济效益和综合竞争力。要加大信息网络基础设施投资金融支持力度，实施宽带战略，促进通信业创新转型，推进电信、计算机和有线电视三网融合，完善网络功能建设，延伸网络覆盖范围，全方位构建宽带化、智能化、个性化的信息高速公路。积极推动电子商务在各行业的应用。加快商贸企业信息化建设，搭建电子交易平台，促进有形市场和虚拟市场、传统贸易和电子商务的有机结合，加快商业商贸功能和创新功能的融合发展。在物流、通信、金融、教育、数字娱乐、房地产、外贸、旅游等现代服务业中推动信息技术应用，普及推广电子商务，创新服务模式。突出发展以网络游戏、动漫、多媒体影视制作、电子出版物等为重点的信息内容服务产业（数字内容），抓住第三代移动通信网、下一代互联网、数字电视、手机电视、网络电视加快普及的机遇，加快发展信息传输服务和增值服务。要注重发挥信息服务业"倍增器"、"转换器"和"助推器"的作用，将面向产业和面向企业、为各行业各部门提供知识产品和服务作为产业定位，在信贷政策上予以扶持和倾斜，创新专利技术等抵押担保方式，采取财政贴息等方式，降低相关企业的融资成本，同时鼓励、引导、培育相关行业的中小企业在中小板市场上进行直接融资，不断提高行业竞争力。

3. 科技服务业。充分发挥科技支撑作用，加快实施自主创新成果转化重大专项，重点支持高性能计算机及应用软件、半导体照明及应用示范、新型材料、农业信息化、新药创制、海洋新型产业等高新技术产业群的培育和发展，支撑主导产业和优势产业振兴；立足技术开发与技术创新，推进产学研一体化，继续建立和完善以企业为主体、市场为导向、产学研相结合的技术创新体系，引导和支持创新要素向企业集聚，提高企业自主创新能力，促进产学研用紧密结合、大中小企业创新联动，加快先进技术向中小企业辐射和转移，加强金融融资支持，采取信贷、私募股权投资、创业板等多种融资方式，促进科技成果向现实生产力转化；加快技术创新平台和成果转化平台建设，积极开展创新创业和技术服务工作，提升科技在文化教育、医疗卫生、公共安全等领域的应用和服务水平；加快农业科技创新，围绕生物技术、良种培育、丰产栽培、农业节水、疫病防控、防灾减灾等搞好科技服务，加强农业技术推广普及，促进农业科技成果转化。

4. 房地产业。以满足不同消费群体的需要为出发点，以解决中低收入者的住房困难为重点，不断优化房地产结构，规范房地产市场行为。由于房地产行业运作对资金需求的特殊性，房地产主要依托大规模的融资以支持产业运作，因此相关企业融资愿望强烈。可探索性地开展非实物资产的抵押担保方式加强对房地产行业的信贷支持，鼓励优质企业上市融资，促进房地产行业内部企业之间的并购重组，实现规模经济。努力构筑稳定完善的住房供应体系。按照避免房地产大起大落，稳步推进房地产市场发展的总体要求，加强房地产市场的宏观调控，改善房地产开发结构，科学安排经济适用住房、廉租房和高中低档商品房供应比例，强化政府住宅保障功能。建立健全住房保障体系。充分发挥住房公积金对住房消费的拉动作用，加大购房信贷支持，刺激居民自住和改善性住房消费。加强经济适用房的开发、销售和管理，确保住房分配的公开、公平、公正。加强廉租房建设，进一步完善廉租住房制度，多渠道筹措资金，形成廉租住房供应稳定规范的资金来源。

5. 租赁和商务服务业。发达地区都有一个特点，现代服务业中融资租赁业十分发达。服务业属于资本和技术密集型产业，往往需要融资租赁业提供资金支持。我国东部发达地区租赁、商业服务业发展较快。我国中西部地区租赁和商务服务起步较晚，企业规模小，融资意愿不强，民间借贷是相关企业的主要融资方式。现代装备制造业的设备动辄上千万元，通过融资租赁业务不仅可以实现产品销售，还能帮助中小企业承租者实现更大发展。融资租赁业只要不吸收公众存款，应该在监管上适度放松，让中外资企业平等竞争，这样可以开拓民间投资渠道，有助于解决中小企业发展中资金缺乏的问题。

6. 服务外包业。抓住国际服务业转移和产业布局调整的有利时机，鼓励和引导有一定竞争实力的服务业企业参与国内外产业链分工，积极承接国际和国内服务业转移，重点抓好信息技术服务、数据处理、客户服务、金融后台服务、物流服务、影视制作、建筑设计和动漫游戏等服务外包。建设一批服务外包示范区，培育壮大一批服务外包基地。组建专业化的服务业企业，推进其内部研发设计、物流采购、市场营销、售后服务、管理咨询等服务性业务剥离。对剥离出来的功能类似的服务机构，通过多种形式重组合并，力争形成规模较大、竞争力较强、知名度较高的高端服务业企业。积极推动政府和企事业单位的车辆配备、会议会务、物业管理、人员培训等后勤服务外包给独立的服务机构，扩大服务市场需求，提升服务质量。

7. 旅游业。抓住我国进入旅游休闲高峰期的良好机遇，坚持以产业化为方向，以资源为依托，以市场为导向，充分发挥我国文化旅游资源优势，促进旅游产业与文化产业有效结合，并积极创造条件拓展国际市场，着力打造特色明显、在国内外具有一定影响力、社会效益和经济效益良好的文化旅游品牌。要大力开发旅游产品，围绕提升产业服务力，增强住宿、餐饮、娱乐、购物和交通配套能力。对符合旅游市场准入条件和信贷原则的旅游企业和旅游项目，要加大多种形式的融资授信支持。对符合条件的旅游企业可享受中小企业贷款优惠政策，对有资源优势和市场潜力但暂时经营困难的旅游企业，金融机构要按规定积极给予信贷支持。要进一步完善旅游企业融资担保等信用增强体系，加大各类信用担保机构对旅游企业和旅游项目的担保力度。进一步拓宽旅游企业融资渠道，金融机构对商业性开发景区可以开办依托景区经营权和门票收入等质押贷款业务。鼓励中小旅游企业和乡村旅游经营户以互助联保方式实现小额融资。支持符合条件的旅游企业发行短期融资券、企业债券和中期票据，积极鼓励符合条件的旅游企业在中小企业板和创业板上市融资。鼓励消费金融公司在试点过程中积极提供旅游消费信贷服务。积极推进金融机构和旅游企业开展多种方式的业务合作，探索开发适合旅游消费需要的金融产品，增强银行卡的旅游服务功能。

8. 文化创意产业。推动文化产业蓬勃发展，坚持以市场运作为取向，以体制机制创新为依托，大力吸引外资、社会资本创办和经营各类文化企业，实施品牌和重大文化服务工程战略，鼓励文化企业积极向集团化、连锁化、品牌化方向发展。金融部门要积极扶持广播、电视、新闻出版等优势产业发展壮大，重点扶持发展高科技文化企业，优先发展科技含量高、附加值高的文化创意、动漫游戏等新兴产业，扶持发展影视传媒业、文艺演出业、文化娱乐业、新闻出版业、网络动漫、印刷装潢业、美术业和艺术培训业等。充分利用域内外人才，繁荣文化创作，组建文化产业集团公司，逐步形成一批品牌性创意企业。大力发展会展经济，建设区域性会展中心。

9. 教育、卫生、社会保障和社会福利业。金融部门要加大对教育、卫生等社会事业及城市社区服务业、农村服务业等服务业关键领域发展的支持力度，扎实推进基本公共服务均等化。要大力支持教育均衡发展。不断巩固和扩大义务教育阶段"两免一补"政策成果，新建、扩建一批学校，进一步解决好义务教育学校资源紧张问题；扎实抓好中小学校校舍安全工程，积极化解义务教育学校、农村学校债务。努力扩大优质义务教育资源，实现优质教育的普及化、平民化、平价化。大力发展民办教育，推进办学主体多元化、办学模式开放化、办学形式多样化。紧贴经济社会发展需求，大力发展各种形式、不同层次的职业教育和培训，加大各类技能型、操作型人才的培养力度，形成较为完善的职业教育模式。完善继续教育运行机制，加强成人教育和终身教育，积极构建学习型社会。要大力支持并不断提升城乡医疗卫生服务水平。进一步深化医疗卫生体制改革，优化卫生医疗资源配置，建成比较完善的疾病防控、应急指挥、医疗救治和卫生监督体系，努力提高医疗服务质量，确保为群众提供优质的基本医疗和公共卫生服务，努力满足多层次卫生服务需求。加快发展城市社区服务业，不断拓展社区服务领域，开展面向社区居民的便民服务，面向社区单位的社会化服务，面向失业人员的社会保障和就业服务，积极推动社会福利、社会救助等政府管理服务向社区延伸。以社区居委会为主体，继续发动、组织各种志愿者提供福利型、公益性服务。

6.2.2　金融支持现代服务业发展的展望

当前我国现代服务业仍存在竞争力不强、内部结构有待优化、对国民经济发展的贡献度不高等问题。"十二五"期间，要进一步转变发展观念，拓宽发展思路，把金融支持现代服务业发展提高到一个新的水平。现代服务业发展对我国经济可持续发展具有极其重要的带动作用。当前，国际金融危机对实体经济的影响仍未结束，现代服务的发展面临后危机时代的挑战与发展机遇并存局面。一方面，现代服务业发展的动力强劲，正处于发展的战略机遇期；另一方面，受到国际金融危机的冲击影响，加上内部各行业发展失衡、资源配置稀缺、金融支持弱化等内外部不经济因素的叠加影响，发展压力较大。如何推动现代服务业发展，首先要有国际视野，要在经济全球化背景下关注中国宏观经济走势和现代服务业发展对宏观经济的拉动作用；其次，要有战略眼光，对促进现代服务业发展的正向因素和负向因素进行综合评价，前瞻思考现代服务业发展的大势和发展战略；最后，要运用辩证法的观点，坚持普遍联系和运动变化相结合，着力突出金融在现代服务业发展中的支持作用，合理规划现代服务业规模发展，不断优化产业结构，并以此推动整个国民经济持续、快速、健康发展。"十二五"时期是我国服务业大发展的重要时期，《国民经济和社会发展第十二个五年规划纲要》提出，要把推动服务业大发展作为产业结构优化升级的战略重点，营造有利于服务业发展的政策和体制环境，不断提高服务业比重和水平；同时，还提出"十二五"末服务业增加值占国内生产总值比重提高 4 个百分点的预期性目标，达到 47%。

1. 金融支持下现代服务业发展的动力充沛

首先，金融发展为现代服务业发展提供充裕的资金支持。根据发达国家发展经验和产业结构演进理论判断，我国目前正处于工业化和城镇化建设进程中，受国际金融危机冲击影响，未来我国以低碳、高科技为代表的现代服务业发展的空间巨大。未来我国金融发展速度和开放程度将进一步加快，直接金融和间接金融对实体经济特别是对以高新技术为代表的现代服务业的支持作用将更为突出。2010年中央经济工作会议提出全年经济工作的重点是保增长和调结构，金融支持现代服务业跨越式发展有助于激活产业结构僵局，形成新的经济增长点。

其次，高储蓄率和高增长率是金融支持现代服务业发展的资金基础。储蓄率对宏观经济运行具有重大影响，高储蓄率导致我国金融资本存量与流量迅速扩张，为现代服务业快速发展提供动力源泉。受民族传统、家庭结构、人口结构、经济增长阶段和社会保障程度等多重因素影响，我国储蓄率高于欧美等发达国家。数据显示，1998年前后，我国的储蓄率是37.5%，到2007年上升到49.9%，特别是企业储蓄占GDP的比重在全球处于高水平。高储蓄率为经济发展提供了充足的直接金融资源，是现代服务业发展的强大后盾。

最后，城镇化进程是金融支持现代服务业发展的催化剂。2007年中国城镇化水平为44.9%，低于世界平均水平4.1个百分点。未来中国在房地产、交通、通信、邮电、教育和医疗基础设施和信息化建设等方面发展空间巨大，并对金融支持产生"引致需求"，城镇化进程带来的投资和消费升级在金融资本的支持作用下，再作用于现代服务业发展，形成良性循环。

2. 金融对现代服务业发展的贡献率提升

金融业贡献率是金融业增加值增量与 GDP 增量之比，如果金融业增长速度快，增加值盘子滚动就会变大，对 GDP 进而对现代服务业的贡献随之水涨船高。按照收入法，金融业增加值由 4 项组成，即劳动者报酬、营业盈余、生产税净额和固定资产折旧。从横向比较来看，2006 年天津、北京、上海及广东金融业增加值中北京总量最高，其次是广东、上海。从结构来看，上海、广东除证券业发展较快外，保险业增加值占比提高。从山西省金融业对经济增长贡献的变化情况看，金融业对 GDP 的贡献度保持逐年上升态势，其中，2005—2008 年，全省金融业对 GDP 的贡献度分别为 1.94%、3.02%、2.17% 和 2.45%，金融业对第三产业的贡献度分别为 6.27%、9.89%、7.41% 和 8.54%，均高于历史平均水平，表明在经济日益全球化的背景下，金融业在不断发展壮大的同时，对现代服务业的贡献度和内生拉动作用逐年增强。

3. 金融促进现代服务业内部行业结构调整优化升级

国际金融危机的外部冲击和国内经济的失衡促使产业结构调整加速，现代服务业整体面临发展机遇，但内部各行业调整将进一步加深。现代服务业内部的调整和深化将为第三产业注入活力，从而使经济增长的质量得到提高，使经济、社会、资源和环境之间关系得到进一步改善。值得注意的是，金融支持现代服务业内部加速调整将成为我国市场经济的重要组成内容。未来一段时间，政府职能将不断转变，垄断行业改革将继续推行，城乡统筹改革将成为重点，金融支持现代服务业发展将成为亮点，现代服务业内部的优势行业将在金融支持作用下率先发展和崛起。未来批发和零售业以及住宿和餐饮业等传统服务业增加值在服务业增加值中的占比将稳中趋降，金融支持的重点将转向优质、环保、高效的现代服务行业。受此影响，现代服务业增加值在服务业增加值中的占比将全面提高，达70%以上。从现代服务业内部结构来看，受金融业快速发展和支持作用显著等因素影响，全国房地产业和金融业增加值占比达到服务业的三分之一以上，计算机通信、软件、租赁、旅游、教育、会展等低碳、高科技产业将快速发展并逐步扩大占比，区域优势行业可望超过服务业增加值占比的10%以上。可以预见，未来产业结构调整的重心是现代服务业，特别是以教育、医疗、金融、房地产为代表的核心领域和核心产业。

4. 现代服务业与金融协调发展并面临新的机遇和挑战

20世纪90年代以后，受新技术革命及经济转轨的影响，世界经济面临改革的转折与调整，特别是美国次贷危机中虚拟经济、金融衍生产品所引发的金融问题——全球实体经济与虚拟经济不协调、产业结构与经济增长不协调、内外经济发展不协调的突出问题表明：单纯依靠虚拟的金融发展对整体国民经济的拉动作用是可怕的甚至是毁灭性的。金融业是现代服务业的重要组成部分，我国金融业发展，进而通过金融对现代服务业乃至整个国民经济产生推动作用将成为未来我国经济发展的重要形式。区域内要实现经济发展，就要抓住这一有利契机，在推动区域内金融发展的基础上，灵活运用直接融资、间接融资两种手段，加快发展资本市场，通过投融资发展平台，深化现代服务企业公司治理结构调整，促进中国经济走出U形中期调整格局，在产业结构的调整中，把握机遇，集中金融资本，重点发展现代服务业，促进经济转型，转"危"为"安"、化"危"为"机"，促进国家创新力、产业竞争力和整体经济实力的三维平衡，全面促进人和自然、人和社会的和谐发展。

附录1　国务院关于加快发展服务业的若干意见

国发〔2007〕7号

各省、自治区、直辖市人民政府，国务院各部委、各直属机构：

根据"十一五"规划纲要确定的服务业发展总体方向和基本思路，为加快发展服务业，现提出以下意见：

一、充分认识加快发展服务业的重大意义

服务业是国民经济的重要组成部分，服务业的发展水平是衡量现代社会经济发达程度的重要标志。我国正处于全面建设小康社会和工业化、城镇化、市场化、国际化加速发展时期，已初步具备支撑经济又好又快发展的诸多条件。加快发展服务业，提高服务业在三次产业结构中的比重，尽快使服务业成为国民经济的主导产业，是推进经济结构调整、加快转变经济增长方式的必由之路，是有效缓解能源资源短缺的瓶颈制约、提高资源利用效率的迫切需要，是适应对外开放新形势、实现综合国力整体跃升的有效途径。加快发展服务业，形成较为完备的服务业体系，提供满足人民群众物质文化生活需要的丰富产品，并成为吸纳城乡新增就业的主要渠道，也是解决民生问题、促进社会和谐、全面建

设小康社会的内在要求。为此，必须从贯彻落实科学发展观和构建社会主义和谐社会战略思想的高度，把加快发展服务业作为一项重大而长期的战略任务抓紧抓好。

党中央、国务院历来重视服务业发展，制定了一系列鼓励和支持发展的政策措施，取得了明显成效。特别是党的十六大以来，服务业规模继续扩大，结构和质量得到改善，服务领域改革开放不断深化，在促进经济平稳较快发展、扩大就业等方面发挥了重要作用。但是，当前在服务业发展中还存在不容忽视的问题，特别是一些地方过于看重发展工业尤其是重工业，对发展服务业重视不够。我国服务业总体上供给不足，结构不合理，服务水平低，竞争力不强，对国民经济发展的贡献率不高，与经济社会加快发展、产业结构调整升级不相适应，与全面建设小康社会和构建社会主义和谐社会的要求不相适应，与经济全球化和全面对外开放的新形势不相适应。各地区、各部门要进一步提高认识，切实把思想统一到中央的决策和部署上来，转变发展观念，拓宽发展思路，着力解决存在的问题，加快把服务业提高到一个新的水平，推动经济社会走上科学发展的轨道，促进国民经济又好又快发展。

二、加快发展服务业的总体要求和主要目标

当前和今后一个时期，发展服务业的总体要求是：以邓小平理论和"三个代表"重要思想为指导，全面贯彻落实科学发展观和构建社会主义和谐社会的重要战略思想，将发展服务业作为加快推进产业结构调整、转变经济增长方式、提高国民经济整体

素质、实现全面协调可持续发展的重要途径，坚持以人为本、普惠公平，进一步完善覆盖城乡、功能合理的公共服务体系和机制，不断提高公共服务的供给能力和水平；坚持市场化、产业化、社会化的方向，促进服务业拓宽领域、增强功能、优化结构；坚持统筹协调、分类指导，发挥比较优势，合理规划布局，构建充满活力、特色明显、优势互补的服务业发展格局；坚持创新发展，扩大对外开放，吸收发达国家的先进经验、技术和管理方式，提高服务业国际竞争力，实现服务业又好又快发展。

根据"十一五"规划纲要，"十一五"时期服务业发展的主要目标是：到 2010 年，服务业增加值占国内生产总值的比重比 2005 年提高 3 个百分点，服务业从业人员占全社会从业人员的比重比 2005 年提高 4 个百分点，服务贸易总额达到 4000 亿美元；有条件的大中城市形成以服务经济为主的产业结构，服务业增加值增长速度超过国内生产总值和第二产业增长速度。到 2020 年，基本实现经济结构向以服务经济为主的转变，服务业增加值占国内生产总值的比重超过 50%，服务业结构显著优化，就业容量显著增加，公共服务均等化程度显著提高，市场竞争力显著增强，总体发展水平基本与全面建设小康社会的要求相适应。

三、大力优化服务业发展结构

适应新型工业化和居民消费结构升级的新形势，重点发展现代服务业，规范提升传统服务业，充分发挥服务业吸纳就业的作用，优化行业结构，提升技术结构，改善组织结构，全面提高服务业发展水平。

大力发展面向生产的服务业，促进现代制造业与服务业有机融合、互动发展。细化深化专业分工，鼓励生产制造企业改造现有业务流程，推进业务外包，加强核心竞争力，同时加快从生产加工环节向自主研发、品牌营销等服务环节延伸，降低资源消耗，提高产品的附加值。优先发展运输业，提升物流的专业化、社会化服务水平，大力发展第三方物流；积极发展信息服务业，加快发展软件业，坚持以信息化带动工业化，完善信息基础设施，积极推进"三网"融合，发展增值和互联网业务，推进电子商务和电子政务；有序发展金融服务业，健全金融市场体系，加快产品、服务和管理创新；大力发展科技服务业，充分发挥科技对服务业发展的支撑和引领作用，鼓励发展专业化的科技研发、技术推广、工业设计和节能服务业；规范发展法律咨询、会计审计、工程咨询、认证认可、信用评估、广告会展等商务服务业；提升改造商贸流通业，推广连锁经营、特许经营等现代经营方式和新型业态。通过发展服务业实现物尽其用、货畅其流、人尽其才，降低社会交易成本，提高资源配置效率，加快走上新型工业化发展道路。

大力发展面向民生的服务业，积极拓展新型服务领域，不断培育形成服务业新的增长点。围绕城镇化和人口老龄化的要求，大力发展市政公用事业、房地产和物业服务、社区服务、家政服务和社会化养老等服务业。围绕构建和谐社会的要求，大力发展教育、医疗卫生、新闻出版、邮政、电信、广播影视等服务事业，以农村和欠发达地区为重点，加强公共服务体系建设，优化城乡区域服务业结构，逐步实现公共服务的均等化。围绕小康社会建设目标和消费结构转型升级的要求，大力发展旅游、文化、体育和休闲娱乐等服务业，优化服务消费结构，丰富人民群众精神文化生活。服务业是今后我国扩大就业的主要渠道，要着重发展就业容量大的服务业，鼓励其他服务业更多吸纳就业，充分挖掘服务业安置就业的巨大潜力。

大力培育服务业市场主体，优化服务业组织结构。鼓励服务业企业增强自主创新能力，通过技术进步提高整体素质和竞争力，不断进行管理创新、服务创新、产品创新。依托有竞争力的企业，通过兼并、联合、重组、上市等方式，促进规模化、品牌化、网络化经营，形成一批拥有自主知识产权和知名品牌、具有较强竞争力的大型服务企业或企业集团。鼓励和引导非公有制经济发展服务业，积极扶持中小服务企业发展，发挥其在自主创业、吸纳就业等方面的优势。

四、科学调整服务业发展布局

在实现普遍服务和满足基本需求的前提下，依托比较优势和区域经济发展的实际，科学合理规划，形成充满活力、适应市场、各具特色、优势互补的服务业发展格局。

城市要充分发挥人才、物流、信息、资金等相对集中的优势，加快结构调整步伐，提高服务业的质量和水平。直辖市、计划单列市、省会城市和其他有条件的大中城市要加快形成以服务经济为主的产业结构。发达地区特别是珠江三角洲、长江三角洲、环渤海地区要依托工业化进程较快、居民收入和消费水平较高的优势，大力发展现代服务业，促进服务业升级换代，提高服务业质量，推动经济增长主要由服务业增长带动。中西部地区要改变只有工业发展后才能发展服务业的观念，积极发展具有比较优势的服务业和传统服务业，承接东部地区转移产业，使服务业发展尽快上一个新台阶，不断提高服务业对经济增长的贡献率。

各地区要按照国家规划、城镇化发展趋势和工业布局，引导交通、信息、研发、设计、商务服务等辐射集聚效应较强的服务行业，依托城市群、中心城市，培育形成主体功能突出的国家和区域服务业中心。进一步完善铁路、公路、民航、水运等交通基础设施，优先发展城市公共交通，形成便捷、通畅、高效、安全的综合运输体系，加快建设上海、天津、大连等国际航运中心和主要港口。加强交通运输枢纽建设和集疏运的衔接配套，在经济发达地区和交通枢纽城市强化物流基础设施整合，形成区域性物流中心。选择辐射功能强、服务范围广的特大城市和大城市建立国家或区域性金融中心。依托产业集聚规模大、装备水平高、科研实力强的地区，加快培育建成功能互补、支撑作用大的研发设计、财务管理、信息咨询等公共服务平台，充分发挥国家软件产业基地的作用，建设一批工业设计、研发服务中心，不断形成带动能力强、辐射范围广的新增长极。

立足于用好现有服务资源，打破行政分割和地区封锁，充分发挥市场机制的作用，鼓励部门之间、地区之间、区域之间开展多种形式的合作，促进服务业资源整合，发挥组合优势，深化分工合作，在更大范围、更广领域、更高层次上实现资源优化配置。防止不切实际攀比，避免盲目投资和重复建设。

五、积极发展农村服务业

贯彻统筹城乡发展的基本方略，大力发展面向农村的服务业，不断繁荣农村经济，增加农民收入，提高农民生活水平，为发展现代农业、扎实推进社会主义新农村建设服务。

围绕农业生产的产前、产中、产后服务，加快构建和完善以生产销售服务、科技服务、信息服务和金融服务为主体的农村社会化服务体系。加大对农业产业化的扶持力度，积极开展种子统供、重大病虫害统防统治等生产性服务。完善农副产品流通体系，发展各类流通中介组织，培育一批大型涉农商贸企业集团，切实解决农副产品销售难的问题。加快实施"万村千乡"市场工程。加强农业科技体系建设，健全农业技术推广、农产品检测与认证、动物防疫和植物保护等农业技术支持体系，推进农业科技创新，加快实施科技入户工程。加快农业信息服务体系建设，逐步形成连接国内外市场、覆盖生产和消费的信息网络。加强农村金融体系建设，充分发挥农村商业金融、合作金融、政策性金融和其他金融组织的作用，发展多渠道、多形式的农业保险，增强对"三农"的金融服务。加快农机社会化服务体系建设，推进农机服务市场化、专业化、产业化。大力发展各类农民专业合作组织，支持其开展市场营销、信息服务、技术培训、农产品加工储藏和农资采购经营。

改善农村基础条件，加快发展农村生活服务业，提高农民生活质量。推进农村水利、交通、渔港、邮政、电信、电力、广播影视、医疗卫生、计划生育和教育等基础设施建设，加快实施农村饮水安全工程，大力发展农村沼气，推进生物质能、太阳能和风能等可再生能源开发利用，改善农民生产生活条件。大力发展园艺业、特种养殖业、乡村旅游业等特色产业，鼓励发展劳务经济，增加农民收入。积极推进农村社区建设，加快发展农村文化、医疗卫生、社会保障、计划生育等事业，实施农民体育健身工程，扩大出版物、广播影视在农村的覆盖面，提高公共服务均等化水平，丰富农民物质文化生活。加强农村基础教育、职业教育和继续教育，搞好农民和农民工培训，提高农民素质，结合城镇化建设，积极推进农村富余劳动力实现转移就业。

六、着力提高服务业对外开放水平

坚定不移地推进服务领域对外开放，着力提高利用外资的质量和水平。按照加入世贸组织服务贸易领域开放的各项承诺，鼓励外商投资服务业。正确处理好服务业开放与培育壮大国内产业的关系，完善服务业吸收外资法律法规，通过引入国外先进经验和完善企业治理结构，培育一批具有国际竞争力的服务企业。加强金融市场基础性制度建设，增强银行、证券、保险等行业的抗风险能力，维护国家金融安全。

把大力发展服务贸易作为转变外贸增长方式、提升对外开放水平的重要内容。把承接国际服务外包作为扩大服务贸易的重点，发挥我国人力资源丰富的优势，积极承接信息管理、数据处理、财会核算、技术研发、工业设计等国际服务外包业务。具备条件的沿海地区和城市要根据自身优势，研究制定鼓励承接服务外包的扶持政策，加快培育一批具备国际资质的服务外包企业，形成一批外包产业基地。建立支持国内企业"走出去"的服务平台，提供市场调研、法律咨询、信息、金融和管理等服务。扶持出口导向型服务企业发展，发展壮大国际运输，继续大力发展旅游、对外承包工程和劳务输出等具有比较优势的服务贸易，积极参与国际竞争，扩大互利合作和共同发展。

七、加快推进服务领域改革

进一步推进服务领域各项改革。按照国有经济布局战略性调整的要求，将服务业国有资本集中在重要公共产品和服务领域。深化电信、铁路、民航等服务行业改革，放宽市场准入，引入竞争机制，推进国有资产重组，实现投资主体多元化。积极推进国有服务企业改革，对竞争性领域的国有服务企业实行股份制改造，建立现代企业制度，促使其成为真正的市场竞争主体。明确教育、文化、广播电视、社会保障、医疗卫生、体育等社会事业的公共服务职能和公益性质，对能够实行市场经营的服务，要动员社会力量增加市场供给。按照政企分开、政事分开、事业企业分开、营利性机构与非营利性机构分开的原则，加快事业单位改革，将营利性事业单位改制为企业，并尽快建立现代企业制度。继续推进政府机关和企事业单位的后勤服务、配套服务改革，推动由内部自我服务为主向主要由社会提供服务转变。

建立公开、平等、规范的服务业准入制度。鼓励社会资金投入服务业，大力发展非公有制服务企业，提高非公有制经济在服务业中的比重。凡是法律法规没有明令禁入的服务领域，都要向社会资本开放；凡是向外资开放的领域，都要向内资开放。进一步打破市场分割和地区封锁，推进全国统一开放、竞争有序的市场体系建设，各地区凡是对本地企业开放的服务业领域，应全部向外地企业开放。

八、加大投入和政策扶持力度

加大政策扶持力度，推动服务业加快发展。依据国家产业政策完善和细化服务业发展指导目录，从财税、信贷、土地和价格等方面进一步完善促进服务业发展政策体系。对农村流通基础设施建设和物流企业，以及被认定为高新技术企业的软件研发、产品技术研发及工业设计、信息技术研发、信息技术外包和技术性业务流程外包的服务企业，实行财税优惠。进一步推进服务价格体制改革，完善价格政策，对列入国家鼓励类的服务业逐步实现与工业用电、用水、用气、用热基本同价。调整城市用地结构，合理确定服务业用地的比例，对列入国家鼓励类的服务业在供地安排上给予倾斜。要根据实际情况，对一般性服务行业在注册资本、工商登记等方面降低门槛，对采用连锁经营的服务企业实行企业总部统一办理工商注册登记和经营审批手续。

拓宽投融资渠道，加大对服务业的投入力度。国家财政预算安排资金，重点支持服务业关键领域、薄弱环节发展和提高自主创新能力。积极调整政府投资结构，国家继续安排服务业发展引导资金，逐步扩大规模，引导社会资金加大对服务业的投入。地方政府也要相应安排资金，支持服务业发展。引导和鼓励金融机构对符合国家产业政策的服务企业予以信贷支持，在控制风险的前提下，加快开发适应服务企业需要的金融产品。积极支持符合条件的服务企业进入境内外资本市场融资，通过股票上市、发行企业债券等多渠道筹措资金。鼓励各类创业风险投资机构和信用担保机构对发展前景好、吸纳就业多以及运用新技术、新业态的中小服务企业开展业务。

九、不断优化服务业发展环境

加快推进服务业标准化，建立健全服务业标准体系，扩大服务标准覆盖范围。抓紧制订和修订物流、金融、邮政、电信、运输、旅游、体育、商贸、餐饮等行业服务标准。对新兴服务行业，鼓励龙头企业、地方和行业协会先行制订服务标准。对暂不能实行标准化的服务行业，广泛推行服务承诺、服务公约、服务规范等制度。

积极营造有利于扩大服务消费的社会氛围。规范服务市场秩序，建立公开、平等、规范的行业监管制度，坚决查处侵犯知识产权行为，保护自主创新，维护消费者合法权益。加强行政事业性收费管理和监督检查，取消各种不合理的收费项目，对合理合法的收费项目及标准按照规定公示并接受社会监督。落实职工年休假制度，倡导职工利用休假进行健康有益的服务消费。加快信用体系建设，引导城乡居民对信息、旅游、教育、文化等采取灵活多样的信用消费方式，规范发展租赁服务，拓宽消费领域。鼓励有条件的城镇加快户籍管理制度改革，逐步放宽进入城镇就业和定居的条件，增加有效需求。

发展人才服务业，完善人才资源配置体系，为加快发展服务业提供人才保障。充分发挥高等院校、科研院所、职业学校及有关社会机构的作用，推进国际交流合作，抓紧培训一批适应市场需求的技能型人才，培养一批熟悉国际规则的开放型人才，造就一批具有创新能力的科研型人才，扶持一批具有国际竞争力的人才服务机构。鼓励各类就业服务机构发展，完善就业服务网络，加强农村剩余劳动力转移、城市下岗职工再就业、高校毕业生就业等服务体系建设，为加快服务业发展提供高素质的劳动力队伍。

十、加强对服务业发展工作的组织领导

加快发展服务业是一项紧迫、艰巨、长期的重要任务，既要坚持发挥市场在资源配置中的基础性作用，又要加强政府宏观调控和政策引导。国务院成立全国服务业发展领导小组，指导和协调服务业发展和改革中的重大问题，提出促进加快服务业发展的方针政策，部署涉及全局的重大任务。全国服务业发展领导小组办公室设在发展改革委，负责日常工作。国务院有关部门和单位要按照全国服务业发展领导小组的统一部署，加强协调配合，积极开展工作。各省级人民政府也应建立相应领导机制，加强对服务业工作的领导，推动本地服务业加快发展。

加强公共服务既是加快发展服务业的重要组成部分，又是推动各项服务业加快发展的重要保障，同时也是转变政府职能、建设和谐社会的内在要求。要进一步明确中央、地方在提供公共服务、发展社会事业方面的责权范围，强化各级人民政府在教育、文化、医疗卫生、人口和计划生育、社会保障等方面的公共服务职能，不断加大财政投入，扩大服务供给，提高公共服务的覆盖

面和社会满意水平，同时为各类服务业的发展提供强有力的支撑。

尽快建立科学、统一、全面、协调的服务业统计调查制度和信息管理制度，完善服务业统计调查方法和指标体系，充实服务业统计力量，增加经费投入。充分发挥各部门和行业协会的作用，促进服务行业统计信息交流，建立健全共享机制，提高统计数据的准确性和及时性，为国家宏观调控和制定规划、政策提供依据。各地区要逐步将服务业重要指标纳入本地经济社会发展的考核体系，针对不同地区、不同类别服务业的具体要求，实行分类考核，确保责任到位，任务落实，抓出实绩，取得成效。

各地区、各部门要根据本意见要求，按照各自的职责范围，抓紧制定加快发展服务业的配套实施方案和具体政策措施。发展改革委要会同有关部门和单位对落实本意见的情况进行监督检查，及时向国务院报告。

国务院

二〇〇七年三月十九日

附录2 国务院办公厅关于加快发展服务业若干政策措施的实施意见

国办发〔2008〕11号

各省、自治区、直辖市人民政府，国务院各部委、各直属机构：

为贯彻党中央、国务院关于加快服务业发展的要求和部署，落实《国务院关于加快发展服务业的若干意见》（国发〔2007〕7号）提出的政策措施，促进"十一五"时期服务业发展主要目标的实现和任务的完成，经国务院同意，现提出以下意见：

一、加强规划和产业政策引导

（一）抓紧制订或修订服务业发展规划。各地区要根据国家服务业发展主要目标，积极并实事求是地制订本地区服务业发展规划，提出发展目标、发展重点和保障措施。经济较发达的地区可以适当提高发展目标，有条件的大中城市要加快形成以服务经济为主的产业结构。各有关部门要抓紧制订或修订相关行业规划和专项规划，完善服务业发展规划体系。各地区、各有关部门都要把服务业发展任务分解落实到年度工作计划中。发展改革委要会同有关部门抓紧研究制订服务业发展考核体系，在条件具备时，定期公布全国和分地区服务业发展水平、结构等主要指标。

（二）尽快研究完善产业政策。发展改革委要会同有关部门依据国家产业结构调整的有关规定，抓紧细化、完善服务业发展指导目录，明确行业发展重点及支持方向；要根据服务业跨度大、领域广的实际，分门别类地调整和完善相关产业政策，认真清理限制产业分工、业务外包等影响服务业发展的不合理规定，逐步形成有利于服务业发展的产业政策体系。各地区要立足现有基础和比较优势，制订并细化本地区服务业发展指导目录，突出本地特色，并制定相应政策措施。

二、深化服务领域改革

（三）进一步放宽服务领域市场准入。工商行政管理部门对一般性服务业企业降低注册资本最低限额，除法律、行政法规和依法设立的行政许可另有规定的外，一律降低到3万元人民币，并研究在营业场所、投资人资格、业务范围等方面适当放宽条件。对法律、行政法规和国务院决定未做规定的服务企业登记前置许可项目，各级工商行政管理机关一律停止执行。加大铁路、电信等垄断行业改革力度，进一步推进投资主体多元化，引入竞争机制。继续稳妥推进市政公用事业市场化改革，城市供水供热供气、公共交通、污水处理、垃圾处理等可以通过特许经营等方式委托企业经营。认真做好在全国范围内调整和放宽农村地区银行业金融机构市场准入政策的落实工作。教育、文化、广播电视、社会保障、医疗卫生、体育、建设等部门对本领域能够实行市场化经营的服务，抓紧研究提出放宽市场准入、鼓励社会力量增加供给的具体措施。

（四）加快推进国有服务企业改革。国资委要会同有关部门积极推动国有服务企业股份制改革和战略性重组，将服务业国有资本集中在重要公共产品和服务领域，鼓励中央服务企业和地方国有服务企业通过股权并购、股权置换、相互参股等方式进行重组，鼓励非公有制企业参与国有服务企业的改革、改组、改造。继续深化银行业改革，重点推进中国农业银行股份制改革和国家开发银行改革，强化中国农业银行、中国农业发展银行和中国邮政储蓄银行为"三农"服务的功能。

（五）推进生产经营性事业单位转企改制和政府机关、事业单位后勤服务社会化改革。主要从事生产经营活动的事业单位要转制为企业，条件成熟的尽快建立现代企业制度。中央编办会同财政部、人事部等部门抓紧制定和完善促进生产经营性事业单位转企改制的配套政策措施。各有关部门和单位要继续深化后勤体制改革，加快推进后勤管理职能和服务职能分开，实现后勤管理科学化、保障法制化、服务社会化。创新后勤服务社会化形式，引进竞争机制，逐步形成统一、开放、有序的后勤服务市场体系。对后勤服务机构改革后新进入的工作人员，应实行聘用制等新的用人机制。

三、提高服务领域对外开放水平

（六）稳步推进服务领域对外开放。发展改革委要会同有关部门认真落实新修订的《外商投资产业指导目录》，在优化结构、提高质量基础上扩大服务业利用外资规模。商务部要会同有关部门抓紧制订服务贸易中长期发展规划，推动有条件的地区和城市加快形成若干服务业外包中心；在中央外贸发展基金中安排专项资金，重点支持服务外包基地城市公共平台建设及企业发展。各类金融机构对符合条件的服务贸易给予货物贸易同等便利，改进服务贸易企业外汇管理，保证合理用汇。交通部要会同有关部门抓紧研究解决中资船舶悬挂方便旗经营问题，发展壮大国际航运船队。加快建设上海、天津、大连等国际航运中心，鼓励在其保税港区进行服务业对外开放创新试点。

（七）积极支持服务企业"走出去"。各有关部门要研究采取具体措施，为服务企业"走出去"和服务出口创造良好环境。对软件和服务外包等出口开辟进出境通关"绿色通道"，对中医药、中餐、汉语教育、文化、体育、对外承包工程等领域企业和专业人才"走出去"提供帮助，简化出入境手续，并纳入国家有关专项资金扶持范围。在严格控制风险的基础上，积极支持国内有条件的金融企业开展跨国经营，为我企业参与国际市场竞争提供金融服务。同时，要鼓励贸易、咨询、法律服务、知识产权服务、人力资源等企业积极为服务业"走出去"提供服务。

四、大力培育服务领域领军企业和知名品牌

（八）积极创新服务业组织结构。各地区、各有关部门要鼓励服务业规模化、网络化、品牌化经营，促进形成一批拥有自主知识产权和知名品牌、具有较强竞争力的服务业龙头企业。发展改革委等部门要支持设立专业化产业投资基金，主要从事服务业领域企业兼并重组，优化服务业企业结构。商务部等有关部门要加强商业网点规划调控，鼓励发展连锁经营、特许经营、电子商务、物流配送、专卖店、专业店等现代流通组织形式。除有特殊规定外，服务企业设立连锁经营门店可持总部出具的连锁经营相关文件和登记材料，直接到门店所在地工商行政管理机关申请办理登记和核准经营范围手续。鼓励软件和信息服务等现代服务业专业协会发展。

（九）加快实施品牌战略。大力支持企业开展自主品牌建设，鼓励企业注册和使用自主商标。鼓励流通企业与生产企业合作，实现服务品牌带动产品品牌推广、产品品牌带动服务品牌提升的良性互动发展。培育发展知名品牌，符合国家有关规定的，商务部等部门应将其纳入中央外贸发展基金等国家有关专项资金扶持范围。扶持中华老字号企业发展，在城市改造中，涉及中华老字号店铺原址动迁的，应在原地妥善安置或在适宜其发展的商圈内安置，并严格按国家有关规定给予补偿。

（十）鼓励服务领域技术创新。科技部要会同有关部门认真落实国家中长期科学和技术发展规划纲要，抓好现代服务业共性技术研究开发与应用示范重大项目。充分发挥国家相关产业化基地的作用，建立一批研发设计、信息咨询、产品测试等公共服务平台，建设一批技术研发中心和中介服务机构。财政部、发展改革委要研究提出具体意见，对服务领域重大技术引进项目及相关的技术改造提供贷款贴息支持，对引进项目的消化吸收再创新活动提供研发资助，在政府采购中优先支持采用国内自主开发的软件等信息服务，进一步扩大创业风险投资试点范围。探索开展知识产权质押融资，引导和鼓励社会资本投入知识产权交易活动，符合规定的可以享受创业投资机构的有关优惠政策。

五、加大服务领域资金投入力度

（十一）加大公共服务投入力度。进一步明确政府公共服务责任，健全公共财政体制，把更多财政资金投向公共服务领域，提高公共服务的覆盖面和社会满意水平。中央财政要继续增加社会保障、医疗卫生、教育、节能减排、住房保障等方面的支出，重点提高对农村、欠发达地区和城市中低收入居民的公共服务水平，支持医药卫生体制等重大改革。国家财政新增教育、卫生、文化等事业经费和固定资产投资主要用于农村，中央财政转移支付资金重点用于中西部地区，尽快使中西部地区基础设施和教育、卫生、文化等公共服务设施得到改善。调动地方发展服务业的积极性，中央和省级财政要通过转移支付等对服务经济发展较快但财政困难的地方给予支持。

（十二）加大财政对服务业发展的支持力度。中央财政和中央预算内投资继续安排服务业发展专项资金和服务业发展引导资金，并根据财政状况及服务业发展需要逐步增加，重点支持服务业关键领域、薄弱环节和提高自主创新能力，建立和完善农村服务体系。整合服务领域的财政扶持资金，综合运用贷款贴息、经费补助和奖励等多种方式支持服务业发展。中央预算内投资要加大对规划内重点服务业项目的投入，同等情况下优先支持服务业项目。地方政府也要根据需要安排服务业发展专项资金和引导资金，有条件的地方要扩大资金规模，支持服务业发展。

（十三）加大金融对服务业发展的支持力度。人民银行、金融监管机构等要引导和鼓励各类金融机构开发适应服务企业需要的金融产品，积极支持符合条件的服务业企业通过银行贷款、发行股票债券等多渠道筹措资金。逐步将收费权质押贷款范围扩大到供水、供热、环保等城市基础设施项目。修订和完善有关股票、债券发行的基本规则以及信息披露制度要充分考虑服务企业的特点。符合条件的服务企业集团设立财务公司等非银行金融机构可以优先得到批准。有关部门要进一步推动中小企业信用担保体系建设，积极搭建中小企业融资平台，国家中小企业发展专项资金和地方扶持中小企业发展资金要给予重点资助或贷款贴息补助。

六、优化服务业发展的政策环境

（十四）进一步扩大税收优惠政策。认真落实新的企业所得税法及其实施条例有关规定。支持服务企业产品研发，企业实际发生的研究开发费用可按有关政策规定享受所得税抵扣优惠。加快推进在苏州工业园区开展鼓励技术先进型服务企业发展所得税、营业税政策试点，积极扩大软件开发、信息技术、知识产权服务、工程咨询、技术推广、服务外包、现代物流等鼓励类生产性服务业发展的税收优惠政策试点。对企业从事农林牧渔服务业项目的所得免征、减征企业所得税；对科研单位和大专院校开展农业生产技术服务取得的收入，以及提供农业产前、产中、产后相关服务的企业，实行税收优惠政策；对农产品连锁经营试点实行企业所得税、增值税优惠政策。加大对自主创新、节能减排、资源节约利用等方面服务业的税收优惠力度。在服务业领域开展实行综合与分类相结合的个人所得税制度试点。对吸收就业多、资源消耗和污染排放低等服务类企业，按照其吸收就业人员数量给予补贴或所得税优惠。研究制订社区服务、家政服务、实物租赁、维修服务、便利连锁经营、废旧物资回收利用、中华老字号经营等服务业和出口文化教育产品等领域的税收优惠政策。财政部、税务总局要会同有关部门抓紧研究制订具体办法并组织实施。

（十五）实行有利于服务业发展的土地管理政策。各地区制订城市总体规划要充分考虑服务业发展的需要，中心城市要逐步迁出或关闭市区污染大、占地多等不适应城市功能定位的工业企业，退出的土地优先用于发展服务业。城市建设新居住区内，规划确定的商业、服务设施用地，不得改作他用。国土资源管理部门要加强和改进土地规划计划调控，年度土地供应要适当增加服务业发展用地。加强对服务业用地出让合同或划拨决定书的履约管理，保证政府供应的土地能够及时转化为服务业项目供地。积极支持以划拨方式取得土地的单位利用工业厂房、仓储用房、传统商业街等存量房产、土地资源兴办信息服务、研发设计、创意产业等现代服务业，土地用途和使用权人可暂不变更。

（十六）完善服务业价格、收费等政策。价格管理部门要进一步减少服务价格政府定价和指导价，完善价格形成机制，建立公开、透明的定价制度。除国家另有规定外，各地区要结合销售电价调整，于 2008 年底前基本实现商业用电价格与一般工业用电价格并轨，对列入国家鼓励类的服务业用水价格基本实现与工业用水价格同价。清理各类收费，取消和制止不合理收费项目。

加强行政事业性收费、政府性基金的管理，各地区、各有关部门对有关收费项目及标准要按照规定公示并接受社会监督。除法律、行政法规或者国务院另有明确规定外，履行或代行政府职能，安装和维护与政府部门联网办理业务的计算机软件，不得收取任何费用。规范行业协会、商会收费行为。各地区要对从事农村客运服务以及岛屿、库区、湖区等乡镇渡口和客运经营等方便农民出行的运输行业，比照城市公交客运政策，给予政策支持。

（十七）加强服务业从业人员社会保障工作。劳动保障等部门要加快将服务业个体工商户、灵活就业人员、农民工纳入社会保险覆盖范围。尽快修订《失业保险条例》，完善失业保险制度，扩大参保范围。针对服务行业就业形式多样、流动性较强、农民工居多等特点，加快推进服务业企业参加医疗、工伤保险工作，切实维护服务业企业从业人员的社会保障权益。鼓励和引导企业为职工建立企业年金和补充医疗保险计划。规范企业年金管理方式，2008 年底前，将原行业或企业自行管理的企业年金业务，逐步移交给有资质的运营机构受托管理。

七、加强服务业基础工作

（十八）大力培养服务业人才。教育、科技、人事和劳动保障等部门要积极引导高等院校完善并加强与现代服务业发展相适应的学科专业建设，支持高等院校、职业院校、科研院所与有条件的服务业企业建立实习实训基地，鼓励建立服务人才培养基地，对国内外相关外包服务培训机构以独资或与高校、企业合作的形式成立培训机构给予审批便利。人事和劳动保障等部门要按照服务业发展需要，不断调整完善和规范职业资格和职称制度，尽快设置相应的服务业职业资格和职称。人事和劳动保障部门要鼓励各类就业服务机构发展，加快建设覆盖城乡的公共就业服务体系。

（十九）健全服务业标准体系和社会信用体系。质检总局要会同有关部门抓紧制订和修订物流、电信、邮政、快递、运输、旅游、体育、商贸、餐饮、社区服务等服务标准，继续推进国家级服务业标准化试点，鼓励和支持行业协会、服务企业积极参与标准化工作。人民银行、工商总局等有关部门要加快社会信用体系建设，推动政府部门依法共享公开的政府信息，并在就业、社会保障、市场监管、政府采购等公共服务中使用信用信息。

（二十）加强服务业统计工作。完善服务业统计联席会议制度，加强和协调各部门及行业协会的服务业统计工作。统计局要会同有关部门加快建立科学、统一、全面、协调的服务业统计调查制度和信息管理制度，完善服务业统计调查方法和指标体系，建立政府统计和行业统计互为补充的服务业统计调查体系，健全服务业信息发布制度。结合开展第二次全国经济普查，重点摸清我国服务业发展状况，为国家制定规划和政策提供依据。中央财政安排专项经费支持服务业统计，地方财政也要增加投入。

（二十一）加强服务业法制建设。法制办要会同有关部门积极推动制定和修订促进服务业发展法律、行政法规的相关工作，为服务业发展提供法制保障。

八、狠抓工作落实和督促检查

（二十二）抓紧制定具体配套政策措施。国务院各有关部门要按照国发〔2007〕7 号文件和本意见要求，对已经明确的政策抓好落实，对需要制定具体配套政策措施的要抓紧研究制定，成熟一项，出台一项。要加强协调配合，及时研究解决服务业发展中出现的突出问题和矛盾，不断调整完善相关政策，推进服务业改革和发展。各地区也要抓紧制定出台相关配套政策措施。

（二十三）加强工作落实和督促检查。各地区、各部门要把发展服务业作为贯彻落实科学发展观、促进经济又好又快发展的重要工作任务，切实把中央确定的各项方针政策落到实处。全国服务业发展领导小组办公室要充分发挥总体协调作用，做好服务业发展目标落实与考核、政策措施制定等督促检查工作，及时向国务院报告工作进展情况。

国务院办公厅

二〇〇八年三月十三日

附录3 关于金融支持 服务业加快发展的若干意见

中国人民银行 中国银行业监督
管理委员会 中国证券监督
管理委员会 中国保险监督管理委员会
关于金融支持服务业加快发展的若干意见

银发〔2008〕90号

（2008年3月19日）

中国人民银行上海总部；各分行、营业管理部；省会（首府）城市中心支行；副省级城市中心支行；国家外汇管理局；各银监局、证监局、保监局：

为落实《国务院关于加快发展服务业的若干意见》（国发

〔2007〕7号，以下简称国发7号文件），现就金融支持服务业加快发展提出以下意见：

一、高度重视，提高认识，大力支持服务业加快发展

服务业发展水平是体现经济社会发达程度的重要标志。加快发展服务业，是实现全面建设小康社会奋斗目标的内在要求，是扩大就业、解决民生问题的迫切需要。党中央、国务院要求从贯彻落实科学发展观和构建社会主义和谐社会的战略高度，抓紧抓好加快发展服务业这项重大任务，促进经济结构战略性调整，实现国际竞争力整体跃升，推动国民经济走上又好又快的科学发展轨道。

金融系统各部门和金融机构要充分认识加快发展服务业的重要性和紧迫性，增强大局意识、发展意识、创新意识、责任意识，积极组织学习国发7号文件精神，切实把思想和行动统一到中央的决策和要求上来。要解放思想，开拓进取，把金融支持服务业加快发展作为顺应经济社会发展趋势、适应建设创新型国家要求、促进经济发展方式转变和国民经济全面协调可持续发展的重大举措，狠抓贯彻落实，务求取得实效。要按照各自的职责范围，充分考虑服务业特点和自身实际情况，坚持重点支持与统筹发展相结合，市场导向与政策扶持相结合，抓紧研究制定加快服务业发展的配套实施方案和具体政策措施。要建立健全支持服务业加快发展的工作机制、评价体系和考核机制、宣传教育机制，科学制定指标，完善考评程序，努力为服务业加快发展创造良好的外部环境。要强化监督检查，落实工作责任，逐步形成支持服

务业加快发展的长效工作机制。

二、深化改革，完善机制，为服务业加快发展创造良好金融环境

进一步提升银行业整体实力。积极培育银行类金融机构核心竞争力，提高银行业对经济增长贡献率，发挥银行业在促进服务业加快发展中的作用。创造公开、公平、公正的市场竞争环境。鼓励银行类金融机构上市融资和探索推进综合化经营，积极提供综合性、多样化、优势互补的金融服务。引导银行类金融机构坚持以市场需求为导向，整合营业网点，拓展电子服务渠道，优化业务流程，积极加强和改进对客户的全方位金融服务。倡导银行业实施品牌战略，提升银行业服务质量，规范服务行为，完善服务机制。探索建立有利于服务业发展的商业银行社会责任评价体系，积极引导资金流向加快发展服务业的领域。

进一步提升证券业的综合竞争力。适当放松管制措施，抓紧落实基础性制度，丰富证券市场产品，继续发挥经纪业务、自营业务、承销业务、资产管理业务等传统业务的支撑作用，提高综合经营水平。积极引导和支持证券公司在风险可测、可控的前提下开展创新活动，增强自主创新能力，提高核心竞争力，改善盈利模式，提高直接融资比重。推动基金管理公司组织制度创新和业务创新，完善产品结构，提高公司的核心竞争力。加强对证券公司、基金管理公司和期货经纪公司的监管和指导，提升安全运行水平、优质服务水准和市场运作效率。继续加强市场稽查和执法工作，加大对证券业违法违规行为的查处力度，切实保护投资者合法权益。

进一步促进保险业加快发展。因势利导，推动国有保险公司重组改制，深化保险资产管理体制改革，推进保险业综合经营试点，促进保险机构产品和服务创新，完善保险市场准入、退出机制，健全保险市场体系。完善责任保险配套法规体系，积极采取市场运作、政策引导、政府推动等方式，加快发展责任保险。支持保险机构投资医疗机构，探索保险机构参与新型农村合作医疗管理的有效方式，加快发展健康保险。完善商业养老保险税收政策，支持保险机构参与企业年金市场，发挥商业保险在完善多层次社会保障体系中的作用，加快发展商业养老保险。

正确处理支持服务业加快发展与防范金融风险的关系。金融系统各部门要密切关注银行业、证券业、保险业和金融业综合经营的发展状况，建立和完善风险监测信息系统，加强金融风险监测和评估，进一步提高金融风险预警能力，切实防范系统性风险，有效保障国家金融安全。金融机构要强化忧患意识和前瞻意识，规范和完善公司治理结构，及时反馈金融改革和金融发展动态信息，有效防止金融发展中的新生因素对金融稳定的冲击，不断提高抵御风险综合能力。

三、科学发展，统筹兼顾，加大对服务业发展的金融支持力度

鼓励多领域开发适应服务业发展的金融产品。引导金融机构适应金融市场的发展变化趋势，研究服务企业个性化信贷需求特征，建立符合服务业特点的内外部信用评级体系，加快开发面向服务企业的多元化、多层次信贷产品。大力发展债券市

场，完善市场定价机制和约束机制，积极创新适应服务企业融资需求的债券品种。发展外汇、黄金和金融衍生产品市场，为服务企业提供外汇避险工具和对冲利率风险工具。引导保险集团公司发挥子公司协同效应和集团优势，推动金融业务的交叉销售和综合拓展，促进保险服务多元化发展。加强和规范应收账款融资管理，推进应收账款融资业务顺利开展。逐步将收费权质押贷款范围扩大到城市供水、供热、公交等城市基础设施项目。对具有一定还贷能力的水利开发项目和城市环保项目，逐步探索开办以项目收益权或收费权为质押的贷款业务，促进公共服务业加快发展。

鼓励多层次拓宽服务业融资渠道。努力消除市场分隔、部门利益和地方保护对服务业发展的阻碍，促进生产要素合理流动和优化配置。加快创业板市场建设，形成高效率的场外交易市场，建立适合国情特点的多层次市场体系，拓宽服务企业融资渠道。积极支持符合条件的服务企业通过发行股票和企业债券等方式进入境内外资本市场融资。制定和完善股票和债券发行的相关规则以及信息披露准则时，要充分考虑服务企业的特点，为服务业加快发展提供直接融资便利。在符合条件的前提下，优先考虑批准服务企业集团设立财务公司等非银行金融机构。调整监管政策，鼓励信托公司、金融租赁公司等非银行金融机构为服务业提供优质高效的信托、融资租赁服务。支持保险资产管理公司扩大受托范围，培育市场竞争力和风险管控能力强的保险机构投资者。发挥民间借贷支持服务业发展的积极作用。引导外资依法进入服务业重点发展领域。

四、突出重点，优化结构，大力支持服务业关键领域和薄弱环节加快发展

大力发展农村服务业。稳步调整放宽农村地区银行业金融机构准入政策试点范围，加快发展适合"三农"特点的新型农村金融机构。综合运用多种货币信贷政策手段，引导农村信用社加大对农村服务业的信贷资金支持力度。鼓励农业发展银行大力支持生产型的农村服务业。全面推动小额贷款，大力扶持经营分散、资金需求规模小的农村服务业发展。加快推进农业保险法律法规体系建设，积极探索面向农村服务业的农业保险发展模式。积极研究建立国家政策支持的农业再保险体系和巨灾风险保险体系。逐步实行并推广对粮棉主产区主要农产品品种和养殖业的农业保险试点。加快农村信用体系建设，逐步扩大企业和个人信用信息基础数据库在农村地区的信息采集和使用范围。鼓励和引导金融机构和信用评级机构研究农村服务企业和农户信用评价体系。支持农村金融机构采用多种方式，低成本接入现代化支付系统，逐步扩展支付清算网络在农村地区的覆盖范围，为农村服务企业提供安全、高效的资金清算服务。推广农民工银行卡特色服务，改善业务管理，提高服务效率，为农民工提供方便、快捷、安全的资金汇划服务。

大力扶持中小服务企业发展。加大面向中小服务企业的金融产品创新力度，完善信贷管理制度，加强针对中小服务企业的风险管控能力，促进中小服务企业规范可持续发展。对符合条件的中小服务企业，积极提供融资支持。进一步完善监管协

调机制，加强部门间沟通合作，完善中小企业信用体系，优化中小服务企业融资环境。探索发展中小服务企业联保贷款业务。大力支持劳动密集型中小服务企业发展，充分发挥劳动密集型中小服务企业促进就业的积极作用。积极开展对信用担保机构和中小服务企业的信用评级，鼓励各类创业投资机构和信用担保机构对发展前景好、吸纳就业多以及运用新技术的中小服务企业开展业务。

大力支持电子商务和物流业等现代服务业发展。大力推广非现金支付工具，特别是电子支付工具，加强非现金支付法规建设，防范非现金支付风险，加快支付服务领域价格改革和市场化步伐，营造公平合理的竞争环境，促进电子商务和物流业加快发展。加快人民银行与税务、质（技）检部门相关信息系统的联网进程，为现代物流业发展提供便捷高效的服务。

大力支持重点区域的服务业加快发展。西部开发、东北振兴、中部崛起为服务业加快发展提供了良好机遇。加快发展服务业有利于促进重点区域产业结构调整和优化、实现东中西部良性互动和优势互补。金融机构要研究完善支持服务业发展的区域策略和激励约束机制，建立健全服务业贷款利率差别化定价机制，注意发挥重点区域的区位优势和特色产业的辐射拉动作用，推动餐饮、商贸、旅游等传统服务业改造升级，培育信息服务、环保服务、中介服务等现代服务业发展壮大，促进产业关联度高的生产性服务业和带动效应强的消费性服务业加快发展，推进重点区域第一、第二、第三产业统筹协调发展。

大力支持服务企业"走出去"。适应国际市场竞争新形势，积极支持服务贸易发展。完善服务贸易外汇管理政策，健全服务贸易非现场监管体系，简化境内服务贸易企业对外支付手续，满足服务贸易企业合理用汇需求。对"走出去"服务企业的后续用汇及境外融资提供便利，支持有实力的中资服务企业开展境外投资和跨国经营。完善服务企业出口信贷、服务产品买方信贷政策措施，对服务贸易给予与货物贸易同等的便利和支持。鼓励政策性金融机构对列入《文化产品和服务出口指导目录》的出口项目或企业，按规定给予贷款支持，推动文化产品和服务出口。适应国际产业转移新趋势，重点支持服务外包发展，鼓励政策性金融机构在自身业务范围内积极支持服务外包发展；鼓励出口信用保险机构积极开发新型险种支持服务外包产业发展；对服务外包企业办理外汇收支提供便利，大力支持服务企业对外承揽服务外包业务。

五、加快金融业基础设施建设，打造支持服务业加快发展的金融服务平台

推进征信体系建设。完善企业和个人信用信息基础数据库，为服务企业普遍建立信用档案，充分发挥信息整合和共享功能。有效发挥政府推动作用，培育信用服务市场需求，扩大征信产品使用范围。完善市场筛选机制和市场监管体系，培养具有民族品牌、社会公信力的征信机构，建立各具特色、功能互补的征信机构体系，满足全社会多层次、专业化的信息服务需求，为服务业加快发展提供基础支撑。

健全反洗钱体系建设。进一步完善反洗钱法律法规制度，推进反洗钱工作从银行业向证券业、保险业等行业纵深发展，研究制定支付清算组织、彩票、贵金属、房地产和汽车销售等特定非金融行业的反洗钱规章。完善工作协调机制，提升依法行政水平，加快监测分析系统和业务综合管理系统建设，建立健全非现场监管体系，促进包括金融服务业在内的国民经济相关行业的合法规范经营。

加快国库信息化体系建设。推进财税库银横向联网系统建设，抓紧国库会计数据集中系统建设，加快政府对服务业扶持资金拨付，加强税收入库全程监控，为服务企业创造良好的纳税环境。推动通过人民银行国库系统将政府性资金直接拨付到最终收款人账户的试点工作，推进由国库直接收缴和拨付社保资金业务，逐步将所有政府资金收支活动纳入国库单一账户进行管理，提高政府公共服务的效率和水平。

完善支付体系基础设施建设。建设第二代现代化支付系统和具有快速生产恢复能力、业务切换能力和数据查找功能的灾难备份系统，保障支付清算业务连续、安全运行，提高支付系统应对突发事件的能力。建设境内外币支付系统，为企业和个人提供低成本、高效率的外币支付服务。完善现代化支付系统运行维护机制，督促银行加强流动性和支付风险管理，保障各类支付系统安全、高效、稳定运行。

抓紧新型金融人才队伍建设。金融支持服务业加快发展的前提条件和关键环节是人才战略。要尊重人才，尊重知识，健全人才工作机制，激发人才创造活力，着力培养掌握市场规律、熟悉国际规则、具备创新能力的高级金融人才，大力提高金融系统干部队伍的综合能力和素质，增强服务意识和服务能力，为加强和改进金融服务、支持服务业加快发展提供金融人才支持。

附录4 "十一五"时期
山西省服务业发展情况报告[①]

"十一五"时期是山西省发展史上极不平凡的五年，面对困难和挑战，全省以科学发展观为统领，认真贯彻落实中央应对国际金融危机的一揽子计划，抓住国内外服务业大调整大转移的机遇，发挥比较优势，改造提升传统服务业，大力发展现代服务业，在全省经济波动较大的情况下，服务业仍保持较快增长，特别是物流、旅游、金融和文化四大重点行业快速发展，为全省"十一五"目标任务的完成作出了积极贡献。

一、"十一五"时期山西省服务业发展基本情况

（一）服务业保持较快增长

2010 年，服务业实现增加值 3363.4 亿元，居全国第 19 位（比上年前移 1 位）、中部地区第 5 位，同比增长 9.1%。占全国和中部六省比重分别为 2.0% 和 11.5%，分别比上年同期提高 0.02 个和 0.1 个百分点。"十一五"全省服务业年均增长

---

① 资料来源：山西省统计局。

11.7%，快于 GDP 平均增速 0.5 个百分点，与"十五"时期相比，服务业不仅继续领跑 GDP 增长，而且领先优势由 0.2 个百分点扩大为 0.5 个百分点。服务业成为"十一五"助推山西省经济发展、增加就业、提高收入、优化结构的重要力量。

（二）服务业发展主要集中于五大行业

从增加值情况看，增加值超过 200 亿元的行业主要集中在批发和零售业、交通运输仓储和邮政业、金融业、公共管理和社会组织、住宿和餐饮业，其中批发和零售业、交通运输仓储和邮政业增加值均超 600 亿元，五大行业实现增加值占全部服务业增加值的比重达到 70.4%。与 2005 年相比，五大行业增加值比重上升 6.6 个百分点。可以看出，山西省服务业行业发展较为集中，批发和零售业、交通运输仓储和邮政业、公共管理和社会组织、住宿和餐饮业、金融业等是山西省服务业发展的主体行业。

（三）现代服务业较快发展

长期以来，山西省服务业对经济发展的贡献主要依靠交通运输和商贸流通业。"十一五"以来，全省以转变经济发展方式为战略重点，积极改造提升传统服务业，加大对具有高附加值、高含金量的现代服务业和新兴服务业投入，服务业内部结构不断优化，山西省服务业迈上了服务领域广泛、服务功能齐全、服务质量明显提高的发展轨道。

1. 信息传输、计算机及软件业发展迅速。随着科技的进步，信息技术、计算机技术、网络技术获得较快发展，市场规模迅速扩大，成为国民经济的先导产业。2010 年，实现增加值 184.8 亿元，同比增长 8.4%，占全部服务业增加值的比重达到 5.5%，比 2005 年提高 0.3 个百分点。固定电话用户年末达到 720.7 万户。其中，城市电话用户 488.1 万户，农村电话用户 232.6 万户。移动电话数量达到 2225.1 万户，比 2005 年增长 1.5 倍。

2. 房地产业保持稳定增长。在中央和山西省一系列促进房地产市场健康发展政策措施的综合作用下，全省房地产业稳定发展。2010 年房地产开发企业增加值 192 亿元，同比增长 5.5%，占全部服务业增加值的比重达到 5.7%，与 2005 年相比，绝对量增加了 85.5 亿元。

（四）四大重点行业获得快速发展

物流、旅游、金融、文化具有涉及领域广和与其他行业关联性强等特点，在全省经济社会发展中具有重要的带动和示范作用，是全省服务业发展的重点行业。

1. 物流业发展快。物流业作为综合生产性服务业，近年来基础设施建设不断加强，一批物流企业发展、成熟、壮大，为建设中西部现代物流中心奠定了良好的基础。截至 2010 年底，全省公路通车里程 13.2 万公里，比 2005 年增长 18.7%，每百平方公里公路通车里程由 2005 年的 71.2 公里提高到 2010 年的 84.7 公里。其中高速公路 3002.5 公里，比 2005 年增长 78.1%。2010 年，铁路运输完成货物周转量为 1343.7 亿吨/公里，比 2005 年增长 38.6%。

同时，山西省具有天然的"浅内陆、近沿海"区位优势，加上部分工业发展在全国居于领先地位，以及得天独厚的煤炭资源，山西省逐步发展成为国家工业化以及煤炭工业建设的重点地区，周边省份经济发展较快，极大地促进了山西省物流企业的快速成长。涌现出一批物流骨干企业：在全国具有一定影响力的食品冷链仓储、配送一体化物流服务商——迎泽物流，建立了现代化物流配送体系的盛唐物流，建立了集货物运输、货运代理、仓储中转、配送服务为一体的大型物流基地——朝阳物流。

2. 旅游业发展势头强劲。2010 年，全省国内旅游接待人数为 12496.8 万人次，接待海外旅游者 130.3 万人次，分别比 2005 年增长 90.9% 和 2.1 倍。旅游总收入突破 1000 亿元，达到 1083.5 亿元，其中旅游创汇 4.6 亿美元、国内旅游收入 1052.3 亿元，分别比 2005 年增长 2.7 倍、2.7 倍和 2.9 倍。旅游收入相当于 GDP 的比重由 2005 年的 6.9% 提高到 2010 年的 11.9%。

3. 金融业持续快速增长。金融是经济的核心，经济的可持续发展离不开金融的持续快速发展。作为生产性服务业的重要组成部分，在适度宽松货币政策的引导下，2010 年山西金融业获得快速发展。2010 年，全省金融业实现增加值 448.3 亿元，占全部服务业增加值的比重为 13.3%，比 2005 年提高 5.5 个百分点。年末金融机构各项存款和贷款余额分别达到 18639.8 亿元和 9728.7 亿元，比 2005 年末分别增长 1.6 倍和 1.3 倍。经过培育和发展，全省已形成了以政策性银行、国有控股商业银行、股份制商业银行为主体，保险、证券以及非银行金融机构互为补充，功能齐全、分工合理的多元化金融体系。

4. 文化产业充满活力。文化发展是山西省转型、跨越发展的重要内容，"十一五"以来全省围绕文化强省战略，发挥文化资源丰富优势，积极推进文化体制改革，加快文化产业基地、重点园区建设，全面推动文化产业发展。2009 年，山西省文化及相关产业实现增加值 229.2 亿元,比 2005 年增加 123.2 亿元,占 GDP 的比重为 3.1%,比 2005 年提高 0.6 个百分点。

文化产业品牌建设成效显著。舞剧《一把酸枣》、话剧《立秋》入选国家舞台艺术精品工程十大精品剧目。《八路军》、《吕梁英雄传》、《乔家大院》获第 23 届金鹰奖优秀电视剧奖。电视剧《喜耕田的故事》获得第 24 届中国电视金鹰奖优秀长篇电视剧奖。平遥国际摄影大展连续成功举办。上海世博会期间成功举办山西宣传周等活动,山西馆接待观众 730 多万人次。

(五)服务业投资增速快,比重持续上升,交通运输仓储和邮政业、房地产业、水利环境和公共设施管理业投资规模位居三甲

"十一五"的五年间,全省服务业固定资产投资累计达 9892.3 亿元,比"十五"时期增长 2.9 倍,占全部投资额的比重达到 48.8%,比"十五"时期高 6.8 个百分点。分年度看,2006—2010 年服务业投资比重分别为 39.2%、41.9%、45.5%、52.6% 和 54.3%,扭转了"十五"期间服务业投资比重连年下

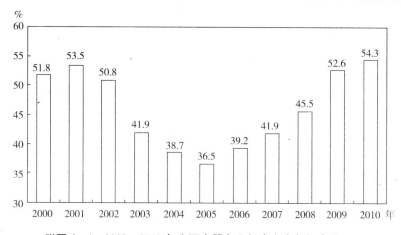

附图 4-1　2000—2010 年山西省服务业投资占全部投资的比重

降的局面，且呈现出逐年上升的态势。

从行业投资情况看，服务业城镇固定资产投资完成额超过 100 亿元的行业有交通运输、仓储和邮政业，共计 1156.8 亿元，房地产业 944.8 亿元，水利环境和公共设施管理业 425.9 亿元，教育 236.9 亿元，占全部服务业固定资产投资额的比重分别为 37.0%、30.2%、13.6% 和 7.6%，合计占 88.4%。

二、服务业发展中存在的主要问题

由于多种因素的制约，山西省服务业与全国和经济发达地区相比仍较落后，与转型跨越发展的要求不相适应。

1. 服务业发展水平不高。尽管近年来服务业在全省经济中发挥的作用日益显现，但"十一五"末其增加值增速出现回落，导致其比重下降，总体来看其发展水平仍然落后。2010 年山西省服务业增长 9.1%，居全国第 29 位，为 20 年以来新低，仅比农业快 3 个百分点，比工业慢 10.7 个百分点。服务业增加值总量居全国第 19 位，占 GDP 比重（37.0%）低于全国 6 个百分点，居第 18 位。与发达省份相比、与国际上公认的服务型经济国家相比（其服务业增加值占 GDP 的比重达 60% 以上）差距仍然很大。

2. 现代服务业发展不足。从内部结构来看，传统意义上的服务业占主要部分，发展水平较低。其中交通运输、仓储邮政业和批发零售、住宿餐饮业增加值分别占第三产业增加值的比重为 19.4%、26.7%，两项合计占 46.1%。现代服务业中新兴行业较少，具有高知识含量和高附加值的生产性服务业尚未形成规模，信息传输、计算机服务和软件业，租赁和商务服务业，科学研究、技术服务和地质勘查业等服务业发展滞后。新兴服务业的贡献份额总体规模小、比重偏低，对服务业的拉动作用不强。其中金融业、房地产业增加值分别占第三产业增加值的 13.3% 和 5.7%，两项合计占 19.0%；其他非营利性服务业实现增加值占第三产业增加值的比重达 22.1%。

3. 生产性服务业开拓不够。长期以来，受"重制造、轻服务"、"先生产、后生活"的产业理念和指导思想的影响，社会对发展生产性服务业重视不够、投入少，市场化程度低，制约了市场的有效供给。其发展水平滞后于制造业的发展水平，产业集群的聚集效应不够突出，在一定程度上制约影响着主导产业向深层发展。

4. 市场化程度低，服务业体系不健全。市场体系的完善与规范，是服务业健康发展的基础和前提。目前，山西省服务业市场体系还不健全。一是市场化程度低，山西省经济中仍存在较重的垄断行业，如金融、电信、铁路、教育、卫生、文化、信息传媒等，工业等单位内部大量经营性服务业产业活动单位没有分离，竞争不充分。铁路、航空、邮电、通信、金融、教育、科研和技术服务以及公用事业、卫生、体育、文化艺术和广播电影电视等行业，非国有经济的比重很低，有效竞争不足。二是服务业体系不健全，与先进省份相比，研发、设计、采购、营销、售后服务等服务体系不健全，特别是面向社会提供服务的研发中心、财务咨询公司、专业营销公司、第三方物流等专业服务机构比较缺乏。

5. 对外开放程度较低，发展水平不高。首先，垄断经营项目较多，市场准入限制严格。金融保险、邮电通信、交通运输、文教卫生、科研技术、新闻出版、广播电视等行业，仍保持着较严格的市场准入条件，壁垒多，门槛高。其次，投资上仍以国有为主体，除住宿、餐饮、娱乐、房地产、租赁等行业主要由私营资本投资外，其他服务业的国有投资都占较大比重。以 2009 年为例，全省服务业合同利用外商直接投资项目为 20 个，占全部外商投资项目的比重为 34.5%；合同金额 1.2 亿美元，占全部外商投资额的比重为 17.3%，且项目多集中在批发零售、科学研究、技术服务和地质勘查业等行业，新兴服务业外资涉足较少，甚至完全没有。服务业领域多元投资机制尚需不断完善。

6. 农村社会化服务体系落后。农村仓储业发展滞后，难以很好地储藏，农产品运输成本高；连锁超市等新型流通业起步晚，所占比重偏低；农村通信、教育、卫生、科技等发展缓慢，对农村经济的贡献较小，文化娱乐、商务租赁、居民服务、社会保障等严重滞后。山西省农业人口比重较高，农村服务业发展不充分，势必影响山西省经济的全面发展。

7. 区域发展不平衡。从发展速度看，市与市之间发展差距拉大，最高与最低增速的差幅高达 4.3 个百分点。从发展水平看，全省除太原、大同、忻州 3 市服务业增加值占 GDP 的比重超过（接近）45%，其他 8 个市服务业发展水平相对偏低，长治、晋城、晋中、临汾、吕梁更是低于全省平均水平。这种状况虽然与各市自然环境、资源条件、发展战略等具有一定关系，但地区发展不平衡，明显不利于提升山西省服务业的整体水平。

附表 4 - 1　　　　　　　2010 年各市服务业增加值

地市	绝对量（亿元）	比重（%）	增长速度（%）
太原市	948.2	53.3	10.5
大同市	320.1	46.1	11.0
阳泉市	167.5	39.0	10.5
长治市	278.3	30.2	9.8
晋城市	235.2	32.2	10.5
朔州市	250.6	37.4	11.9
晋中市	279.2	36.6	9.7
运城市	320.6	38.8	9.6
忻州市	193.2	44.4	13.9
临汾市	304.3	34.1	10.6
吕梁市	214.3	25.3	11.0

　　影响山西省服务业发展的因素是多方面的，既有客观因素，也有自身的原因，概括起来主要有以下几个方面。

　　1. 整体经济波动较大，影响服务业发展。近几年，服务业虽然获得了较快增长，但由于比重较小，受整体经济，特别是受规模较大的第二产业影响明显。尤其受全球金融危机引发的实体经济衰退影响，2009 年 GDP 增速与最高增速的 2007 年（15.9%）相比下降了 10.5 个百分点。受此影响，2008—2010年服务业增速连续三年出现下滑，服务业比重也由 2000 年以来最高的 44.5% 下降到 2010 年的 37.0%。与此同时，发达省份的经济波动相对较低，服务业发展相对也比较稳定。如，北京市 2000—2010 年 GDP 最高增速与最低增速相差 5.1 个百分点，上海市相差 6.1 个百分点，在相对较为平稳的整体经济环境下，两市服务业实现健康稳定增长，2010 年两市服务业增加值比重分别达到 75.0% 和 57.0% 。

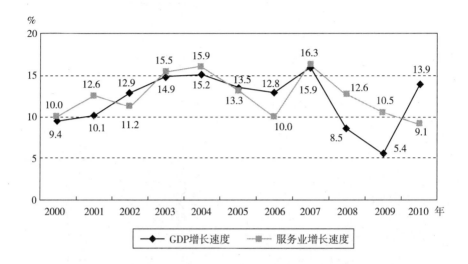

附图 4 – 2   2000—2010 年山西省 GDP 和服务业增加值增长趋势

2. 消费水平低，消费率与投资率严重失衡。与工业、农业和建筑业相比，服务业具有生产和消费同时进行的特点，即服务业产品生产的同时，也是居民和社会对其产品进行消费的过程，居民和社会对服务业产品消费构成了最终消费（包括产品和服务消费）的重要内容。服务业的这一特性决定了一个地区的消费水平，直接影响着该地区服务业的发展规模。从山西省看：近几年，由于全省经济增长较多依赖投资、忽视消费，投资和消费两驾马车长期处于失衡状态，致使服务业发展缓慢、水平较低。从反映对经济增长贡献的投资率和消费率看，近年来，山西省投资率呈明显上升趋势，消费率则逐年下降，数据表明：2009 年山西省投资率为 66.0%，消费率为 45.5%，与 2005 年相比，投资率高 12.9 个百分点，而消费率低 2.1 个百分点。不仅如此，与发达省份相比，山西省高投资低消费的现象也较为明显，如，

2008 年北京市消费率为 57.5%，比山西省高 13.7 个百分点；投资率为 41.0%，比山西省低 13.9 个百分点。

3. 居民收入水平不高，收入分配差距明显。从初次分配看：2000—2007 年，山西省初次分配中，个人占 GDP 比重与国家、企业占 GDP 比重（三者分配所得）呈反方向变动，个人（劳动报酬/GDP）呈下降趋势，国家、企业（生产税/GDP 与营业盈余＋折旧/GDP 比重）呈上升趋势，特别是 2007 年，劳动报酬占 GDP 比重降到了近年来的最低点。2008 年和 2009 年虽有所好转，但长期以来形成的收入分配格局并未根本得到扭转。

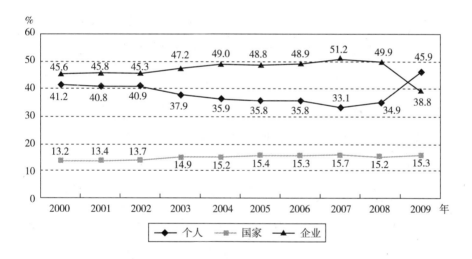

附图 4-3 2000—2009 年个人、国家与企业初次分配比重趋势

从最终分配结果看：2000—2010 年，城镇居民人均可支配收入年均增长 12.7%，农民人均纯收入年均增长 9.5%，而同期 GDP 现价年均增速高达 17.3%，居民收入增速远低于 GDP 增速。

2009 年，山西省人均 GDP 为 21522 元，比全国平均水平低 4053 元，居全国第 18 位；城镇居民人均可支配收入 13997 元，比全国低 3178 元，居第 23 位；农村居民人均纯收入 4244 元，比全国低 909 元，居第 22 位。城乡收入差距继续扩大，城乡居民收入差距由 2000 年的 2.5∶1 扩大到 3.3∶1。收入是消费的基础，服务需求的增长与居民收入水平的增长密切相关。从整体上看，山西省经济发展水平以及居民收入水平偏低，城乡收入和居民消费水平差距继续扩大，难以支持服务业的快速发展。

4. 城镇化进程缓慢。2009 年全省人均 GDP 达到 3154 美元，城镇化率仅为 46.0%，居全国第 17 位、中部第 2 位，比全国平均水平低 0.6 个百分点，比广东省、浙江省、江苏省、山东省分别低 17.4 个、11.9 个、9.6 个、2.3 个百分点。城市化水平低意味着大量劳动力滞留在农村，而农村生活有很强的自给自足性质。农民的实物消费有很大一部分由自己生产，而对于服务的消费则受到收入水平的制约，服务业在农村的发展受到限制。同时，城市化水平低，表明低收入居民比重较大，其相应购买力水平也较低，因而从需求方面又制约了服务业的发展。

5. 居民消费模式、消费观念落后。在经济发达国家，经济增长早已由生产驱动转型为消费驱动，超前消费、负债消费、低储蓄率是主要特征。对比发达国家"高消费—低储蓄"的消费模式，中国正好相反，是"高储蓄—谨慎保守型"消费模式。山西省存贷之比由 2005 年的 1.7∶1 上升到 2010 年的 1.9∶1。较高的储蓄一方面表明有较大的消费潜力，另一方面也表明山西人民的消费观念和消费模式仍停留在传统保守型上，要改变消费观念和消费模式，既需要经济的增长和居民收入的增加，也需要社会保障体系的健全。

6. 科技创新不足，弱化山西省新兴服务业发展。新一轮的区域经济竞争将以科技创新、产业升级和新兴产业培育为主要特征。创新需要科技投入，山西省在科技创新，尤其是服务业创新方面明显不足。2009 年，全省研究与试验发展（R&D）经费支出相当于 GDP 的比重仅为 1.1%，远低于全国 1.7% 的水平；全省专利年申请量和授权量也与发达省份存在较大差距。科技投入的不足，直接影响创新水平的提高，将对山西省服务业特别是新兴服务业的发展产生不利影响。

三、加快服务业发展的建议

加快发展服务业要以科学发展观为统领，认真抓好各项政策措施的贯彻落实，继续加大抓项目、扩内需、调结构、促转型的工作力度，突出重点，强化质量，注重实效。

（一）充分发挥政府的主导作用，完善服务业政策体系

近年来，尽管全省服务业获得了较快发展，但仍属初期阶段，特别需要政府的重视和扶持。因此，要继续深入推进服务业"1 + 10"工程（在每个领域选择一个旗舰项目和十个示范带动项目），在实现服务业加快发展的同时，充分发挥服务业对转变经济发展方式的推动作用，促进三次产业在更高水平上协调发展。一是对新兴服务业要加大政策扶持力度，特别是资金投入、金融支持、税收优惠等，着重解决服务业发展中的困难和问题。二是进一步完善服务业发展政策体系。鼓励先行先试，出台配套性政策保障措施，不断完善服务业特别是现代服务业发展规划，确保服务业健康发展。三是加强服务业重点项目监测，确保重点项目的按期完成。四是进一步优化服务业发展环境，积极创建公开、公平、合理的市场秩序。

（二）推动消费模式转变，努力扩大消费

消费理念、消费模式的转变对经济发展特别是服务业发展至关重要。要积极培育消费热点，大力发展旅游、体育、电影电视、网络信息、居民服务等投资少、见效快的新兴产业，进一步完善服务引导消费，创造消费。要建立城乡有别的社会保障体系，在城镇要让低收入者、生活贫困的居民，通过建立最低生活保障制度与失业救济、再就业补助相结合，保证他们的基本生活不受影响。在农村要加大卫生投入，大力推行以大病统筹为主的农村合作医疗制度，开展农村医疗救助，解决农村人口因病致贫的问题。同时，要建立健全农村养老保障制度。要通过社会保障体系，解除居民的后顾之忧，实现消费拉动经济增长的目的。

（三）加大投资力度，挖掘民间投资，提高利用外资水平，积极拓宽服务业融资渠道

投资是拉动经济增长的主引擎，是近几年国家超额完成"保八"增长的"功臣"。但4万亿元投资计划的逐步实施，已最大限度地释放了中央政府的投资能力和地方政府的投资配套能力。货币政策由"适度宽松"向"稳健"的回归，作为投资资金重要来源的银行贷款增速预计将会明显放缓，服务业发展也将在一定程度上受到资金的影响。因此，发展服务业仅靠政府的投资是不够的，要多渠道、多方位筹集资金。一是积极争取国家扶持资金。我国经济要实现快速增长，必须寻找新的经济增长动力，面向生产和民生的服务业，如金融、物流、信息、文化、商

务等必将得到国家的重点扶持，因此，要创造条件，积极争取国家扶持资金。二是启动民间投资。要积极行动，制定具体详尽的、有可操作性的鼓励民间投资进入垄断行业的实施细则，并建立由相关部门组成的专门机构履行落实和监督之责，为扩大民间投资范围提供必需的规则保障和制度环境，重点引导民间投资投向新兴服务业，为新兴服务业的发展提供资金保证。三要提高利用外资水平，鼓励外资投向高技术产业、现代服务业等领域，积极稳妥扩大金融等服务领域对外开放的程度。

（四）调整结构，突出重点，努力推动现代服务业快速发展

加快服务业发展，要明确方向，突出重点，努力培育新的经济增长点。一是以建设中西部现代物流中心和生产性服务业大省为目标，重点推进现代物流业发展：要加快物流基础设施建设，规划一批大型物流园区，建设现代物流枢纽；加强企业改革改制，壮大物流企业规模，切实增强物流企业竞争力，鼓励发展专业物流和第三方物流。二是积极实施重大项目带动战略，以文化创意、动漫、数字出版为突破口，推动新兴文化产业快速发展；加强金融支持力度，探索建立文化消费信贷产品，填补文化产业发展短板。三是加强精品景区建设，树立山西省旅游品牌，不断创新旅游业态，积极培育新的旅游经济增长点。四是加大对世界级投资财团、外资银行的引进力度，建立金融竞争新秩序；加大服务业上市后备企业培育力度，力争山西省服务业上市公司有一席之地；大力培育和发展金融中介机构，扩大中小企业和"三农"经济融资平台。五是逐步分离工业、建筑业、教育、公共管理等机构的社会职能，把属于经营性质的服务业纳入市场化发

展体系参与竞争，构建合理、规范的服务业发展体系，盘活分离企事业单位这盘棋，优化服务业发展结构，增强服务业发展活力。

（五）加大特色城镇化推进力度，增强服务业发展基础载体

城镇化的发展水平是影响服务业发展的重要因素之一。城镇化的推进和提高产生人口聚集效应，使社会分工多样化、合理化，提升人们的生活层次，增加人们对服务的需求，促进服务业快速发展。数据显示：2010年，山西省城镇居民家庭平均每人用于医疗保健、交通和通信、娱乐和教育文化服务等服务性消费支出为4289.2元，是农村居民平均消费水平的3.2倍，城镇居民对服务业的需求明显高于农村居民，证明服务业的发展与城镇化程度密切相关。山西作为老工业基地和经济欠发达省份，城市化进程长期以来落后于工业化进程，城镇化率低直接影响服务业特别是现代服务业发展。因此，要加大城镇化推进力度，特别是要围绕"一核一圈三群"特色城镇化战略，加快工作进度，增强服务业发展基础载体：通过城镇化扩大居民社会化的服务消费，促进商业和社区等生活服务业的发展；通过城镇基础设施及城镇功能的不断完善，促进房地产和公共服务业发展；通过城镇经济的繁荣和社会分工的细化，带动金融、信息咨询和中介服务业的发展。

（六）采取有效措施，大力发展农村服务业

2009年全省农村人口1851万人，占总人口的54%，是一个庞大的人群，随着社会主义新农村建设的推进，农村服务业存在较大发展空间，要采取有效措施，努力开拓和培育农村服务业市

场。一是制定农村服务业发展目标考核机制,要像抓工业、上项目那样抓好农村服务业建设。二是加快农村市场流通体系建设。在农产品主产区,建成大量农产品综合交易市场和专业市场,通过乡镇农贸市场、大宗农产品产地批发市场、农产品专业市场和城市综合农贸市场的建设,形成较为完善的市县乡农产品市场流通体系。加快实施"万村千乡"市场工程,形成以城区店为龙头、乡镇店为骨干、村级店为基础的新型农村消费品流通体系。三是继续加强农村道路、供水、供电、供气、通讯等基础建设,改善农村居住和生活环境,为农村服务业发展创造条件。四是增加农民收入。要积极调整收入分配政策,拓宽就业渠道,扩大就业规模,完善就业服务体系,不断提高农村居民的收入水平。

附录5 金融支持山西省国民经济实现"三保"目标调查问卷

被调查单位经理、主要负责人：

由于山西省产业结构的特殊性，次贷危机对我省经济影响较大。为积极落实"保增长、保民生、保稳定"目标任务，根据省委、省政府相关要求，开展对金融支持山西省国民经济发展的调查工作，特设计本调查问卷。本次调查是一项涉及面广、专业性强、工作量大的政策调研活动，问卷数据将对政府相关部门的政策制定具有参考作用。殷切期待企业相关领导能在百忙之中抽空填答或指派财务部门负责人填写完成。最终结果只以统计数据的形式表现和研究之用，不做任何其他用途。我们将严格履行保密义务。

感谢您百忙之中的填答和对本次政策调研的支持与配合！

联系人：

联系电话：

欢迎受访单位就相关专题另附送研究报告或建议书

请您在（　　）内打"√"，表示确认；或在_____上填写数据。

一、单位基本概况

1. 被调查单位名称：_____主导产品是：_____

贵单位地址处于：_____市_____县（市、区）

2. 组织形式（按企业登记注册类型划分）

A 国有及国有控股 （　　　）

B 集体企业 （　　　）

C 股份合作企业 （　　　）

D 联营企业 （　　　）

E 有限责任公司 （　　　）

F 股份有限公司 （　　　）

G 私营企业 （　　　）

H 港澳台投资企业 （　　　）

I 外商投资企业 （　　　）

J 其他企业 （　　　）

3. 经营规模：

A 大型企业 （　　　）

B 中型企业 （　　　）

C 小型企业 （　　　）

4. 所在行业（以主导产品或服务划分）：

第一产业

A 农林牧渔业 （　　　）

第二产业

B 煤炭行业 （　　）

C 煤化工等以煤炭为主要原材料的煤炭附属行业 （　　　）

D 除煤炭行业外的其他采矿业 （　　　）

E 焦炭 （　　）　　　　F 冶金 （　　　）

G 电力 （　　）　　　　H 建筑业 （　　　）

I 医药制造业 （　　　）

J 通信设备、计算机及其他电子设备制造业 （　　　）

K 其他制造业 （　　　）L 燃气及水的生产和供应业 （　　　）

第三产业

传统服务业

M 交通运输、仓储和邮政业 （　　　）

N 信息传输、计算机服务和软件业 （　　　）

O 批发、零售业 （　　　）

P 住宿和餐饮业 （　　　）

现代服务业

Q 金融业 （　　　）　　　　R 房地产业 （　　　）

S 租赁和商务服务业 （　　　）

T 科学研究、技术服务、地质勘查业 （　　　）

U 水利、环境、公共设施管理 （　　　）

V 居民服务和其他服务 （　　　）　　　　W 教育 （　　　）

X 卫生、社会保障和社会福利业 （　　　）

Y 文化体育和娱乐 （　　　）

Z 公共管理和社会组织 （　　　）

5. 人力资源状况

在岗职工人数（截止 2009 年 6 月末数据）_____人，去年同期_____人

6. 财务状况

单位：万元

指标	2007 年		2008 年		2009 年 6 月底数
	6 月底数		6 月底数		
资产总额					
其中：流动资产					
存货原值					
负债总额					
其中：流动负债					
销售收入					
销售成本					
销售利润					
利润总额					
订单金额					

二、经营管理状况

1. 您认为贵单位目前的总体经营（管理）状况：

A. 良好（　　） B. 一般（　　） C. 不良（　　）

2. 您认为贵单位目前的产品库存水平：

A. 偏高（　　） B. 适中（　　） C. 偏低（　　）

3. 对目前贵单位产品市场需求状况判断：

A. 旺盛（　　） B. 一般（　　） C. 疲软（　　）

4. 今年煤价、油价、电价变动对贵单位经营状况的影响：

A. 大（　　） B. 一般（　　） C. 小（　　）

5. 到今年 6 月末，贵单位销货回款比去年同期：

A. 加快（　　） B. 持平（　　） C. 减慢（　　）

三、投资状况

1. 贵单位2008年、2009年投资项目主要为（　　）。

A. 中央政府投资项目　　　B. 地方政府投资项目

C. 企业自主投资项目

2. 贵单位在2009年是否有新的投资项目或固定资产投资计划（　　）。

A. 有　　　　　　　　　B. 没有

3. 新的投资项目或投资计划主要涉及（　　）。

A. 本行业　　　　　　　B. 本行业的附属行业

C. 其他行业

4. 实施新的投资项目或者购买新的固定资产设备的原因是：（多选）

A. 预期经济下滑已到底部，国内经济景气、需求将增加（　　）

B. 信贷政策相对宽松，利率水平处于相对低位（　　）

C. 认为政府4万亿元投资可以拉动本单位新的投资项目发展（　　）

D. 新的增值税政策有利于降低企业新购固定资产成本（　　）

5. 不计划实施新的投资项目或不计划购买新的固定资产的原因是：（多选）

A. 预期2009年下半年经济不景气还会持续（　　）

B. 认为国内外相关下游行业的市场需求不旺（　　）

C. 新的投资项目不符合国家产业政策和环保政策要

求（　　　）

    D. 认为很难得到信贷支持（　　　）

    E. 目前只能维持日常生产经营（　　　）

    F. 产品前期赊销，回款困难，资金流紧张（　　　）

    6. 请详细填写企业投资资金来源调查表：

单位：万元

指标		2007 年	其中 6 月底数	2008 年	其中 6 月底数	2009 年 6 月底数
一	企业在建固定资产投资年度计划总规模					
二	企业在建固定资产投资年度实际完成额					
三	固定资产投资到位额					
1	其中：企业自有资金					
2	金融机构贷款					
3	发行企业债券					
4	发行短期融资券					
5	股票融资					
6	引入战略性大股东					
7	职工自筹入股					
8	财政资金					
9	民间借贷					
10	利用外资					
11	其他资金来源					

续表

指标		2007 年		2008 年		2009 年 6 月底数
			其中 6 月底数		其中 6 月底数	
四	固定资产投资年度资金缺口（为本表第一项减第三项差额）					
五	当年股权投资金额（原值）					
六	当年债券投资金额（原值）					

四、融资状况

1. 目前贵单位主要的筹、融资渠道或今后将考虑的融资渠道：（多选）

①金融机构贷款（除村镇银行、租赁、信托、典当）

（　　）

②票据融资（信用证、贴现、承兑、保理保函）　（　　）

③向村镇银行贷款　（　　）

④向小额贷款公司借款　（　　）

⑤向租赁机构融资　（　　）

⑥向信托机构融资　（　　）

⑦向典当行融资　（　　）

⑧通过证券市场股票融资　（　　）

⑨发行企业债融资　（　　）

⑩发行短期融资券　（　　）

⑪企业职工自筹入股　（　　）

⑫引入国内新的大股东或战略投资者　（　　）

⑬吸引外商投资　（　　）

⑭财政拨款或政府贷款转贷　（　　）

⑮引入风险投资基金　　　　　　　　　　　（　　　）

⑯民间借贷　　　　　　　　　　　　　　　（　　　）

2. 请详细填写企业融资满足程度调查表：

单位：万元

指标		2008 年 1~6 月		2008 年 6~12 月		2009 年 1~6 月	
		拟融资额	实际获得融资额	拟融资额	实际获得融资额	拟融资额	实际获得融资额
①	金融机构贷款（除村镇银行、小额贷款公司、租赁、典当、信托）						
②	票据融资						
③	向村镇银行贷款						
④	向小额贷款公司贷款						
⑤	向租赁机构融资						
⑥	向信托机构融资						
⑦	向典当行融资						
⑧	股票融资						
⑨	发行企业债券						
⑩	发行短期融资券						
⑪	职工自筹入股						
⑫	引入战略性大股东						
⑬	财政资金						
⑭	民间借贷						
⑮	利用外资						
⑯	其他资金来源						

3. 贵单位今年获得贷款的期限结构主要是（　　　）。

A. 1 年以内（含 1 年）

B. 1~3 年（含 3 年）

C. 3~5 年（含 5 年）

D. 5 年以上

4. 贵单位今年获得贷款的利率水平主要集中在（　　　）。

A. 较基准利率下浮 10% 以上

B. 较基准利率下浮 5% ~ 10%（含 10%）

C. 较基准利率下浮 0 ~ 5%（含 5%）

D. 与基准利率持平

E. 较基准利率上浮

5. 如今年上半年贵单位申请过贷款但并未获批，您认为企业方面的主要原因是：（多选）

A. 经营状况欠佳，信用等级较低（　　　）

B. 担保、抵押难以解决（　　　）

C. 贷款项目市场风险较大（　　　）

D. 企业产权不清（　　　）

E. 所处行业不符合国家产业政策和环保政策（　　　）

F. 企业处于关停、整顿阶段（　　　）

G. 以往存在不良信用记录（　　　）

H. 其他原因＿＿＿＿＿＿＿＿＿＿＿＿＿

6. 根据上题，您认为金融机构的哪些原因导致贵单位未能及时申请到贷款：（多选）

A. 银行内部贷款管理权限有限，审批时间长（　　　）

B. 信贷人员由于责任追究制度审慎放款（　　　）

C. 贷款门槛规定较高（　　　）

D. 抵、质押规定不符合实际贷款需求（　　　）

E. 金融机构不能灵活机动的创新抵押、担保方式（　　　）

F. 担保公司不能发挥担保贷款的重要作用（　　　）

G. 银行信贷政策不透明（　　　）

H. 中介评估费用较高（　　　）

I. 其他（请用文字说明，包括未能申请到信托、租赁、典当行、小额贷款公司融资的原因）_____

---

7. 您认为哪些因素影响了贵单位对银行贷款的需求：（多选）

A. 民间借贷提供融资　　　　　　　　　　　　（　　　）

B. 企业职工自筹入股　　　　　　　　　　　　（　　　）

C. 小额贷款公司、风险投资基金等提供融资　　（　　　）

D. 申请贷款时间较长，影响市场机会把握　　　（　　　）

E. 财政拨款的支持减少了贷款需求　　　　　　（　　　）

F. 经济下行、国内外需求不旺　　　　　　　　（　　　）

G. 其他原因（请用文字说明）_____

8. 您认为金融机构应该完善哪些方面，加强对贵单位的信贷支持（多选）：

A. 加强担保机构建设，创新抵押、担保等新型贷款方式

（　　　）

B. 落实对信贷人员的激励与约束机制　　　　　（　　　）

C. 下放基层商业银行的贷款管理权限　　　　　（　　　）

D. 简化贷款程序，缩短贷款审批时间　　　　　（　　　）

E. 银行中小企业贷款部门应提高效率、深入职责履行

（　　　）

F. 降低贷款抵押、评估的收费　　　　　　　　（　　）

G. 其他建议（请用文字说明）_____

9. 目前贵单位涉及的行业中，国家有哪些扶植政策或振兴政策，您希望金融机构提供哪些方面的配套服务？

（请用文字说明）_____

_____

_____

10. 贵单位在今年上半年获得期限为_____的民间融资，年利率水平为（　　　）

A. ［0，10%］　　　B. （10%，20%］

C. （20%，30%］　　D. 30%以上

11. 贵单位今年上半年直接融资的主要目的是：（多选）

A. 维持生产经营　　B. 购置固定资产　　C. 引进新技术

D. 实施新项目　　　E. 拓展市场

12. 如贵单位未开展直接融资的主要原因是：（多选）

A. 政府部门对直接融资渠道缺乏了解、重视程度不够

　　　　　　　　　　　　　　　　　　　　　　　（　　）

B. 企业管理层对直接融资渠道缺乏了解、重视程度不够　）

C. 上市门槛较高，地方政府重视程度不够　　　（　　）

D. 企业不符合短期融资券的申请要求　　　　　（　　）

E. 企业不符合上市融资的申请要求　　　　　　（　　）

F. 职工自筹资金入股积极性不高　　　　　　　（　　）

G. 民间借贷利率水平较高　　　　　　　　　　（　　）

H. 企业规模小或不符合国家产业政策　　　　　（　　）

I. 企业产权不明晰 （　　）

J. 上市费用较高 （　　）

K. 其他（请用文字说明）＿＿＿＿＿＿＿＿＿＿＿＿＿＿＿

13. 您认为政府部门应当从哪些方面帮助企业拓宽直接融资渠道（多选）：

①加强上市公司建设引导和培育 （　　）

②发展私募基金，以引入风险基金等新股东 （　　）

③政府牵头发行现代服务企业集合短期融资券 （　　）

④创造直接融资方面的培训学习机会 （　　）

⑤其他（请用文字说明）＿＿＿＿＿＿＿＿＿＿＿＿＿＿

14. 目前贵单位涉及的行业中，国家有哪些扶植政策或振兴政策，直接融资方面需要提供哪些配套服务？

（请用文字说明）＿＿＿＿＿＿＿＿＿＿＿＿＿＿＿＿＿＿

＿＿＿＿＿＿＿＿＿＿＿＿＿＿＿＿＿＿＿＿＿＿＿＿＿＿＿＿＿

＿＿＿＿＿＿＿＿＿＿＿＿＿＿＿＿＿＿＿＿＿＿＿＿＿＿＿＿＿

填写问卷联系人：

贵单位通讯地址：

贵单位联系电话：

贵单位传真电话：

贵单位 E－mail：

被调查单位公章

年　　　月　　　日

参 考 文 献

［1］赫伯特·G. 格鲁柏，迈克尔·A. 沃克．服务业的增长原因与影响［M］．上海：三联书店，1993.

［2］吴明理．现代服务业发展趋势与金融支持［J］．济南金融，2007 – 10.

［3］李安定，金艳平，朱永行．论上海现代服务业发展与金融支持［J］．上海金融，2006 – 02.

［4］郭新伟．经济欠发达地区现代服务业发展的思考［J］．商场现代化，2008 – 01.

［5］傅进．产业结构调整中的金融支持问题研究［D］．南京农业大学硕士学位论文，2004.

［6］蒋三庚．现代服务业集聚若干理论问题研究［J］．北京工商大学学报，2008 – 01.

［7］杨亚琴．上海现代服务业集群发展的途径和机理［J］．上海经济研究，2005 – 12.

［8］李凤升，赵俊平，孔庆双．黑龙江服务业发展与经济增长关系的协整分析［J］．辽宁工程技术大学学报，2008 – 01.

［9］叶英，范炳全．区域服务业发展模式探讨——以上海宝山为例［J］．商场现代化，2008 – 01.

［10］杜人淮．探索发展高端服务业的有效路径［J］．经济研究参考，2008（12）．

［11］陈红．我国现代服务业发展的途径分析［J］．商业时代，2007（36）．

［12］郭怀英．以信息化促进服务业现代化研究［J］．经济研究参考，2008（10）．

［13］杨亚琴．上海现代服务业集群发展的途径与机理——以陆家嘴金融贸易区、外高桥保税区、赤峰路一条街为例的分析［J］．上海经济研究，2005 – 12.

［14］周振华．现代服务业发展研究［M］．上海：上海社会科学院出版社，2005.

［15］上海、天津、杭州发展服务业思路比较［J］．领导决策信息，2005（17）．

［16］天津滨海新区现代服务业加速．天津市发展改革委网站．

［17］李春红．天津市现代服务业发展现状及政策研究［D］．天津师范大学硕士学位论文，2007.

［18］现代服务业的发展及天津的选择．http：//www. tjms. gov. en/XXLRI. ASP？ID = 6472.

［19］牛桂敏．加速国际化进程——推进滨海新区现代服务业发展［J］．港口经济，2006 – 03.

［20］李忠．大力发展第三产业加快建设滨海新区［J］．天

津经济，2005 – 04.

［21］李俊利．河南省现代服务业发展对策研究［J］．河南商业高等专科学校学报，2009 – 05.

［22］王趁荣．河南省现代服务业的发展路径研究［J］．商业研究，2007 – 11.

［23］郑才林，李世新，张耀谋．海南省发展现代服务业的路径选择［J］．当代经济，2009 – 06.

［24］冯更新．论我国现代服务业的发展［J］．城市，2008 – 02.

［25］进一步促进海南现代服务业发展．http：//www. ssfcn. com，2009 – 03 – 12.

［26］李杨．海南：逐步壮大现代服务业［N］．中国经济导报，2009 – 03 – 26.

［27］周正平．中国在海南特区深度开放现代服务业．新华网，2010 – 01 – 07.

［28］刘锐．区域产业布局优化的金融支持研究［D］．哈尔滨工程大学硕士学位论文，2007.

［29］杨亚琴，王丹．国际大都市现代服务业集群发展的比较研究——以纽约、伦敦、东京为例的分析［J］．世界经济研究，2005 – 01.

［30］国际现代服务业发展现状与趋势．http：//www. sdpv. gov. cn.

［31］安筱鹏．全球现代服务业发展的基本趋势．万方数据，2009 – 02 – 07.

［32］王德禄，张国亭．国外现代服务业发展借鉴［J］．商场现代化，2009 - 11.

［33］葛坚松．美国现代服务业发展的经验及启示［J］．江南论坛，2007.

［34］陈淑祥．国内外区域中心城市现代服务业发展路径比较研究［J］．贵州财经学院学报，2007 - 04.

［35］周全绍．外国政府培育现代服务业集聚区的启示［J］．首都教育学报，2010 - 02.

［36］徐冠华，刘冬梅，刘琦岩．现代服务业的发展趋势与对策［J］．中国科学院院刊，2009 - 03.

［37］黄维兵．现代服务经济理论和中国服务业发展［M］．成都：西南财经大学出版社，2003：10 - 13.

［38］张新征．促进我国中部崛起的金融支持研究［D］．湖南大学硕士学位论文，2007.

［39］周振华．现代服务业发展研究［M］．上海：上海社会科学院出版社，2005：76.

［40］晃钢令．服务产业与现代服务业［M］．上海：上海财经出版社，2004：1 - 2，9 - 18.

［41］黄繁华．经济全球化和现代服务业［M］．南京：南京出版社，2005：13 - 15.

［42］朱晓晴，林萍．北京现代服务业的界定与发展研究［J］．北京行政学院学报，2004（4）：46.

［43］胡启恒．诊释我国现代服务业［N］．中国信息导报，2004 - 08 - 11.

［44］朱春明．关于我国服务业发展中的几个战略问题的思考［J］．中国经贸导刊，2004（13）：9.

［45］刘有章，肖腊珍．湖北现代服务业的发展现状及对策研究［J］．中南财经政法大学学报，2004（3）：34.

［46］来有为，苏爱珍．中国现代服务业差距何在［J］．科技决策，2004（7）：12－16.

［47］赵彦云．宏观经济统计分析［M］．北京：中国人民大学出版社，2001：118－119.

［48］易丹辉．数据分析与 EViews 应用［M］．北京：中国统计出版社，2002：44－45，143－150.

［49］高铁梅．计量经济分析方法与建模［M］．北京：清华大学出版社，2007：24－181，260－262，276－301，292－294，295－297.

［50］［美］西蒙·库兹涅茨．各国的经济增长：总产值和生产结构［M］．上海：商务印书馆，1985：1－377.

［51］张晓峒．EViews 使用指南与案例［M］．北京：机械工业出版社，2008：245－246.

［52］夏杰长．高新技术与现代服务业融合发展研究［M］．北京：经济管理出版社，2008.

［53］夏杰长．中国服务业 30 年［J］．首都经济贸易大学学报，2008（6）：42.

［54］［美］克里斯托弗·H．洛夫洛克．服务营销（第三版）［M］．北京：中国人民大学出版社，2001.

［55］赵弘．全球生产性服务业发展特点、趋势及经验借鉴

［J］．福建论坛（人文社会科学版），2009.

［56］Johansen，S．，Juselius. K．. Maximum Likelihood Estimation and Inference on Cointegration with Application to the Demand for Money ［J］. Oxford Bulletin of Economics and Statistics，1990 （52）：162 – 210.

［57］Raymond W． Goldsmith. The Quantitative International Comparison of Financial Structure and Development ［J］. The Journal of Economic History，Vol. 35，No. 1，1975.

［58］Ronald I． McKinnon. Financial Control in the Transition from Classical Socialism to a Market Economy ［J］. The Journal of Economic Perspectives，Vol. 5，No. 4 ，1991，pp. 107 – 122.

［59］Fisman，R．，Love，I．. Financial Development and the Composition of Industrial Growth. NBER Working Paper 9583，2003.

［60］Galbis，V．. Financial and Economic Growth in Less – Developed Countries：A Theoretical Approach ［J］. Journal of Development Studies，Vol. 13，No. 2，1977，pp. 58 – 72.

［61］Gurley，J. G．，Shaw，E. S.. Financial Structure and Economic Development. Economic Development and Cultural Change，1967.

［62］Mathieson，D. J.. Financial Reform and Stabilization Policy in a Developing Economy ［J］. Journal of Development Economics，Vol. 7，1980，pp. 359 – 395.

［63］OECD. The Service Economy，Business and Industry Policy Forum Series. 2000，pp. 110 – 111.

［64］Gee，Wilson. Social Science Research Methods ［M］. New

York：Appleton Century Crofts，Inc. ，1950.

[65] Yin，R. K. ．Case Study Research，Design and Methods (2nd ed) [M] ．Newbury Park，Sage Publications，1994.

致　谢

　　本书是在我的博士后研究报告的基础上补充完善而成的。回忆博士后研究过程的日日夜夜，真是心潮澎湃、百感交集，因为这凝聚了众多人的智慧和心血。我非常感谢多年来一直给我关心、帮助和支持的各位老师、领导、同事、同学、朋友和家人。在此，向他们表达我最诚挚的谢意！

　　首先要感激我的合作导师，北京大学光华管理学院的王其文教授和太原高新区的张新伟主任。从研究工作的构思、选题到拟定调研大纲，从形成初稿、不断修改到最后定稿，无不倾注了他们的大量心血。他们既是指导我科研、学习的良师，更是引领我人生之路的益友。王老师、张老师治学之严谨、学识之博大，堪称楷模；而待人之宽厚、人格之高洁，堪称典范。师恩浩荡，这种潜移默化的影响将让我终生受益。王其文教授还亲自为本书出版撰写了序言，殷切鼓励我在人生的道路上不断努力攀登。

　　在我的博士后工作申请和研究过程中，还得到了西南财经大学中国金融研究中心曾康霖教授、山西财经大学孔祥毅教授的推荐和帮助；得到了太原高新区科技局肖永红博士、人事局刘军博士以及李啸硕士的大力指导和帮助；得到了博士后同仁及人民银行各位领导、同事们的支持和帮助，特别是杜金富副行长、郭庆平行长助理、张涛司长、盛松成司长、陈志司长、张健华局长等领导的精心指导和鼓励，天津分行林铁钢、毛金明，太原中心支行赵志华、郭保民等领导的大力支持和关心，使我没齿难忘、终身受益。在此一并表示衷心的感谢！

衷心感谢北京大学人事部博管办的范德尚博士，十分感谢北京大学光华管理学院厉以宁、曹凤岐、龚六堂、李九兰、吴玉芹等多位老师的指导和帮助！

要特别感谢我的家人，感谢慈祥的母亲和热诚的岳父给我的无尽呵护，感谢我的爱人常青在学习和生活上给予我的关心和帮助，感谢儿子尹浩宇快乐成长过程中给予我不竭的精神动力，正是他们的理解、鼓励、支持和关爱，才使我有信心顺利完成学业并把研究成果付梓。

最后要真心感谢中国金融出版社的魏革军社长、查子安副总编以及程建国、李兴发、李祥玉、赵华、彭元勋、王杰华、张铁等各位领导和老师，正是他们的无私帮助和精心指导，本书才得以如期出版。

谨以此书奉献给所有支持和帮助我的各位领导、同事以及亲朋好友们！

尹优平
2011 年 3 月 6 日于博学斋

后　记

当本书即将付梓的时候，当把"后记"两字轻轻敲出的时候，我竟然文思枯竭起来，沉吟良久却不知从何说起……但此时我最想说的是，北大燕园光华管理学院博士后的生活美好而难忘！

想不起我的北大梦是从什么时候开始的，但在我内心深处，埋藏着那深深的名校情结至今仍然无法割舍，并再也不能自我欺骗。多年以前，我的名校情结美丽而羞涩：美丽的燕园，来自天南地北有趣的同学，北大的名家大师，巨大的如同迷宫一般的图书馆，白发苍苍睿智的老教授，妙趣横生的讲座，北大的三角地，北大的"一塔湖图"……

北大的光环，真的很耀眼啊！当名校情结再次被勾起时，我已过而立之年。从本科、研究生一直读到博士，我学的都是金融专业，而且在金融系统的工作岗位上也摸爬滚打了近二十个春秋，按理说到社科院或人民银行金融研究所作博士后都应是不错的选择。但这时埋藏在心底多年的北大情结突然冒了出来，尽管我知道北大博士后的门槛太高，尽管我十分清楚自身的实力，选择还是放弃？在权衡利弊、询问了许多专家之后，特别是导师的鼓励与叮嘱使我信心倍增。我更加坚定了自己的人生目标，义无反顾地作出了人生又一个重大抉择：报考北京大学光华管理学院博士后流动站。之所以这样果断，是因为我深深明白，为了一种说不出的名校情结，为了成就人生的梦想，抑或是为了却青年时代的心愿，也只有这最后一次机会了。因此，为做好博士后进站考核准备，在繁忙的工作之余，我毕其功于一役，将全部时间和精力都投入到报考博士后的准备之中……

人生的许多理想有时是难以实现的，但值得欣慰的是，好风凭借力，天道酬勤，多年的学术积累和基层金融工作实践，使我终于如愿以偿，2008 年国庆节前夕，我收到了北大光华管理学院博士后流动站的入学通知书，手捧着梦寐以求的散发着墨香的北大通知书，我心潮澎湃，心情久久难以平静。10 月 8 日，我怀着十分憧憬的心情正式到光华管理学院报到进站，有幸成为燕园光荣的一员！我的北大情结终于梦圆了。

时光匆匆，湖光塔影间，从初入燕园时的新鲜刺激和求知若渴，到如今已然成熟坚强且满怀理想。从最初决定来燕园作博士后研究开始，心里就一直有一种莫名的兴奋、自豪和满足，也许是燕园老师和蔼而亲切的态度感染了我，也许是接过北大教工卡或进入校园亮出校园卡的那一刹那，自己都深深感受到了身在燕园的幸福！进站两年多来，北大导师们以"求新"和"求真"的姿态潜心学术，成为占领学术制高点的法宝和利器。不同学科的老师以不同的视角授课，不仅带给我新奇和感动，更激发了我的研究热情和创作灵感。从确定博士后研究课题到形成研究报告大纲，从一篇篇论文的发表到第 47 批博士后基金的获得，从厚厚的出站报告到最后《金融支持现代服务业发展研究》书稿的完成，尽管有些研究浅尝辄止，还不够深入和完美，但真诚期盼各位老师的斧正；尽管有时夜不能寐、身心劳累，但总觉得神清气爽、志存高远。

如今在北大的校园里流连忘返，看看图书馆、光华楼，看看未名湖、博雅塔，再看看办公楼、西校门和校友桥，也许是一种精神的享受和心理的洗礼，"告别青春，告别单纯，从此心甘情愿地跋涉于泥泞的长途而不怨尤"，心系北大、志在四方，湖光塔影和青春的憧憬联系在一起，怕是多年以后，曾经的所有豪情与仰视，都将过渡为心中的一段秘密。到如今，尽管从事的工作中已不再需要金字招牌，也无须借助名校的声望来抬高身价，尽管这种名校情结已不关乎虚荣，更不关乎自己的未来，但脱离了以往纯粹的向往和憧憬，也许是一种经历了博士后生活后来自现实的反差吧。我的唯一奢求只是想置身于这种氛围里，塑造自己足够强大的信念和力量，而非一个人踽踽独行；我的梦想只是想拥有一个值得回忆的青春，而不至于使人生没有心灵归宿。

我要说，北大燕园——我魂牵梦绕的精神家园，更是我难以割舍的名校情结！

尹优平
2011 年 6 月 28 日于博学斋